Anonymous

Studien zur deutschen Kunstgeschichte

Anonymous

Studien zur deutschen Kunstgeschichte

ISBN/EAN: 9783743629493

Hergestellt in Europa, USA, Kanada, Australien, Japan

Cover: Foto ©ninafisch / pixelio.de

Weitere Bücher finden Sie auf **www.hansebooks.com**

STUDIEN ZUR DEUTSCHEN KUNSTGESCHICHTE
3. HEFT.

EINLEITENDE ERÖRTERUNGEN

ZU EINER

GESCHICHTE DER DEUTSCHEN

HANDSCHRIFTENILLUSTRATION

IM SPÄTEREN MITTELALTER

VON

Dr. RUDOLF KAUTZSCH.

STRASSBURG
J. H. Ed. Heitz (Heitz & Mündel)
1894.

Vorbemerkung.

Die vorliegenden Erörterungen bildeten ursprünglich die Einleitung zu Untersuchungen über die Werkstatt des Diebolt Lauber in Hagenau und über die Bilderhandschriften der Concilschronik Ulrich Richentals von Konstanz. Ich gedenke diese Untersuchungen, Beiträge zur Kenntniss der oberdeutschen Handschriftenillustration des 15. Jahrhunderts, im Laufe dieses Jahrs in der oberrheinischen Zeitschrift und im Centralblatt für Bibliothekswesen zu veröffentlichen.

Hier sollen nur einige Vorfragen abgehandelt werden, deren Beantwortung mir von principieller Bedeutung für die Würdigung der mittelalterlichen Malerei und insbesondere der Buchmalerei scheint. Es soll weiter der Weg angedeutet werden, der zu einer gebührenden Verwerthung der zahlreichen spätmittelalterlichen Bilderhandschriften für die Zwecke der Kunstgeschichte führt. Und endlich dürften einige Bemerkungen über die wichtigeren Zusammenhänge zwischen der Handschriftenillustration und den graphischen Künsten hier am Platze sein. Das Ganze erhebt nicht den Anspruch, eine abgerundete Abhandlung darzustellen. Es sind einzelne Erwägungen, wie sie sich im Laufe der genannten Sonderuntersuchungen von selbst ergaben. Ihrer allgemeinen Bedeutung halber jedoch schien es gerathen, sie aller Einzelarbeit auf unserem Gebiet vorauszuschicken.

ERSTES KAPITEL.

Die Behauptung, dass die bildlichen Darstellungen des Mittelalters nicht in unserem Sinne getreue Nachbildungen der Natur sind, bedarf keiner Beweise.

Die Kunstgeschichte hat darum jene Werke zu verschiedenen Zeiten sehr verschieden gewerthet: auf die romantische Ueberschätzung mittelalterlicher Art und Kunst folgte eine Ernüchterung des Urtheils, die an sich heilsam und nothwendig war. Nur dass sie Gefahr läuft, der eigentlichen Aufgabe der Geschichte ebensowenig gerecht zu werden. Denn vielleicht fliesst der unbefriedigende Eindruck, den uns jene Kunstwerke machen, mehr noch aus unrichtigen Voraussetzungen, durch die wir uns ein wahrhaft geschichtliches Verständniss erschweren, als aus dem unvollkommenen Charakter der Bilder selbst.

H. Janitscheks Geschichte der deutschen Malerei hat gezeigt, dass eine Darstellung der zeichnenden Kunst im Mittelalter weder zu entschuldigen, noch zu verdammen braucht, wenn sie die Entwickelung der nationalen Phantasie selbst zur Grundlage nimmt. So ergab sich, dass die mittelalterliche Federzeichnung das eigentliche Ausdrucksmittel der Volksphantasie, eine allmälig immer tiefer eindringende Naturbeobachtung verräth, allerdings aber „die Entdeckung der äusseren Natur in ihrer Fülle von Besonderheiten" während des ganzen Mittelalters nicht erreichte.

Bei dieser Ansicht bleibt vielleicht nur dies unerklärt: wie kommt es, dass auch der gewandteste Meister der Federzeichnung sein Streben nach Naturwahrheit auf gewisse Theile der Schilderung gar nicht ausdehnt? Die Thatsache selbst merkt Janitschek wiederholt an. Und ich meine, es ist doch recht auffallend, dass um 900 die Schollen des Erdbodens, um 1100 das perrückenartige Haar, um 1250 jene scharfbrüchigen Gewandausgänge auch in der Federzeichnung nicht um eine Linie anders gestaltet werden, als in den gleichzeitigen Deckfarbenbildern, Wandmalereien und Elfenbeintafeln. Wenn einmal „der Künstler nach treuer Wiedergabe der Wirklichkeit strebte", warum sah er dann nicht völlig mit eigenen Augen, mochte das Ergebniss zunächst so unbeholfen ausfallen, wie es wolle?

Noch bemerkenswerther ist aber, dass bis um 1350 kein Künstler auch nur den Versuch macht, eine Stadt, einen Innenraum so zu zeichnen, wie sie sich dem Auge darstellen, und dass wieder bis auf diese Zeit gar nicht daran gedacht wird, den Dingen die ihnen zukommende Farbe zu geben.

K. Lamprecht hat in seiner umfassenden und tiefgreifenden Darstellung deutscher Geschichte es unternommen, sowohl für jene Gleichartigkeit aller Werke bildender Kunst innerhalb eines Zeitraums, als für diese scheinbar auffallende Selbstbeschränkung eine Erklärung zu geben:

Jeder Stufe der wirthschaftlichen, socialen und politischen Entwickelung des Volks entspricht eine bestimmte Stufe des Geisteslebens. Die eben erreichte Höhe geistiger Freiheit muss sich in allen Schöpfungen eines und desselben Zeitraums durchaus gleichartig auswirken: Von einem Zeitalter „typischer" Kultur werden wir auch nur erst eine typische Bemeisterung der Aussenwelt in künstlerischen Leistungen erwarten dürfen.

Kein Zweifel, diese grosse einheitliche Betrachtung beseitigt gründlich jeden Anlass zur Verurtheilung unserer Frühkunst. Sie hebt auch einen guten Theil jener Schwierigkeiten, die Janitschek noch unerledigt gelassen hatte. Janitscheks Annahme einer allmälig zunehmenden Fähigkeit, Gestalten naturgemäss zu zeichnen, körperliche und geistige Vorgänge richtig und klar wiederzugeben, wird dahin eingeschränkt, dass auch der erste Künstler einer bestimmten Zeit nur ein gewisses Maass von Naturwahrheit erreichen kann, das er mit allen tüchtigen Zeitgenossen in der Kunst theilt. Denn wie ihr Schaffen ist auch das seine bedingt durch den geistigen Gesammtzustand seiner Zeit.

Allein die mittelalterliche Malerei[1] zeigt Eigenheiten, die auch bei der Voraussetzung symbolischen, typischen oder conventionellen, d. h. mehr oder weniger gebundenen, Geisteslebens keineswegs sofort verständlich werden. Jenen Begriffen lassen sich doch nur alle d i e Erscheinungen mittelalterlicher Malerei unterordnen, die einen Mangel geistiger Freiheit bekunden.

Dass ein reicher Schatz von Erfahrungen gesammelt sein muss, bis die Fähigkeit, scharf zu sehen, sich voll entwickeln kann, scheint zweifellos. Eigentliche Porträtschilderung, die Wiedergabe der charakteristischen Formen einer Landschaft dürfen wir sicherlich erst erwarten, wenn das „conventionelle" Zeitalter bereits überwunden ist. Gewiss.

Zum Verständniss der Thatsache aber, dass so und so lange jede Art Baulichkeit nur als polygonaler Thurm, das menschliche Haar nur als Perrücke von Wülsten „ergriffen wird," bringt uns jene Annahme sehr wenig bei.

Und noch Eins: Zwischen den Werken der Kunst des 15. Jahrhunderts und denen des vorhergehenden, eigentlich mittelalterlichen Zeitalters herrscht nicht nur ein G r a d unterschied — soweit ihr Verhältniss zur Natur in Frage kommt — sondern ein A r t unterschied. Die Entwickelung erfährt um 1400 eine plötzliche durchgreifende Wandlung. Wir werden sofort genauer auszuführen haben, was wir unter dieser Wandlung verstehen.

Vorläufig stellen wir nur fest, dass wir die a l l m ä l i g e Befreiung der Geister in den Werken der spätmittelalterlichen Malerei n i c h t deutlich verfolgen können, dass vielmehr die Grundlagen der eigentlich mittelalterlichen Malerei bis um 1400 ihre Geltung behaupten, dann aber rasch, wie mit einem Schlage, bei Seite geschoben werden.

---

[1] Ich beschränke mich im Folgenden absichtlich und ausdrücklich nur auf die deutsche Malerei. Französische und italienische Kunst bleibt ebenso unberücksichtigt, wie die deutsche Plastik. Das Ziel der Erörterung muss diese Beschränkung rechtfertigen. Wenigstens andeutungsweise möchte ich aber darauf hinweisen, dass die behauptete Gleichartigkeit a l l e r Werke bildender Kunst eines und desselben Zeitraums — soweit der Realismus in Frage kommt — keineswegs statthat. Plastischen Werken wie den Naumburger Donatoren lässt sich aus dem ganzen Gebiet der Malerei nichts an die Seite stellen, das ihnen an Naturwahrheit gleichkäme.

Welcher Art sind diese Grundlagen? Die Beantwortung dieser Frage führt uns, meines Erachtens, auch zur Lösung der zuletzt geltend gemachten Bedenken.

Stillschweigende Voraussetzung sowohl der Schilderung Janitscheks,[1] als derjenigen Lamprechts[2] ist: Der Künstler geht, sei es auch unbewusst, auf die Bemeisterung der Erscheinungsformen aus. Er will das Leben ganz so schildern, wie es sich abspielt. Was ihn an einer vollkommenen Erfüllung dieses Vorsatzes hindert mag sein was es wolle, gewiss ist: auch das Mittelalter stellte sich die Aufgabe, die Aussenwelt abzubilden im eigentlichen Wortsinne.

Hier eben möchte ich fragen: ist das wirklich so? Prüfen wir doch einmal voraussetzungslos, was der mittelalterliche Zeichner eigentlich wollte. Muss „Kunst" zu allen Zeiten und für jedermann „Wiedergabe der Natur" sein? Kann eine Darstellung nicht auch etwas anderes sein, als die nach Kräften getreue Uebertragung eines Netzhautbildes auf eine Wandfläche oder eine Holztafel? Ich meine, dem mittelalterlichen Zeichner war sie etwas ganz anderes, ihm hatte sie ihren besonderen, eigenen Gesetzen folgenden Zweck.[3] Er zeichnete seinen Gegenstand nicht nach, son-

---

[1] Janitschek, Geschichte der deutschen Malerei S. 47: «Das sichtliche Bestreben des Malers, der Wirklichkeit ganz gerecht zu werden». S. 105: Die ernste Absicht, «sich eine Formensprache zu schaffen, welche auf die Erscheinungen der Natur selbst zurückgeht». S. 167 «um so eigenwilliger strebte er darnach», das kleine Stück Welt, das er kannte, «künstlerisch zu bewältigen». Diesem Satz muss Janitschek doch gleich selbst die Bemerkung anschliessen, dass dieser Fortschritt des 14. Jahrhunderts nicht sofort bemerkbar werde.

[2] Lamprecht, Deutsche Geschichte: Die Stellen II, 75. II, 186. II, 218. III, 211. III, 220. III, 231 sind doch kaum anders zu verstehen, als unter jener Voraussetzung. Wie könnte es sonst am letztgenannten Orte heissen: «Der Sinn für den Umriss der Dinge ist entwickelt, aber es fehlt noch die Kraft, diese sich real, ihrem wahren Wesen nach anzueignen».

[3] Ich bitte hier und für das Folgende im Auge zu behalten, dass es mir nur darauf ankommt, die Unhaltbarkeit jener älteren Anschauungsweise zu zeigen. Ich verzichte von vorn herein darauf, eine abschliessende Erörterung des letzten Zwecks mittelalterlicher Malerei zu geben. Was die Wandmalerei dieser Zeiten angeht, so will sie zunächst sicherlich nichts anderes, als was jedes Kunstwerk will. Dass dem rein künstlerischen Charakter ein lehrhafter Zug sich beimischt, liegt in der Weltanschauung des mittelalterlichen Menschen begründet, der eine Kunst nur im Dienste des Höchsten vor sich rechtfertigen

dem übertrug ihn in eine andere Sprache. So ward ihm die Darstellung zu einer Welt für sich, nicht ein Abbild, sondern ein Symbol.

Diese Auffassung ist noch etwas genauer zu beleuchten. Einmal ist natürlich nicht davon die Rede, dass der mittelalterliche Künstler nicht nach dem Modell arbeitete, Studien nach der Natur machte. — Das hat noch niemand behauptet. Aber auch wenn er die Erinnerungsbilder unwillkürlicher Beobachtung aufzeichnete — und dass dies ebenso in karolingischer, wie in staufischer Zeit geschah, wird nicht bestritten — dachte er gar nicht daran, der Wirklichkeit über ein gewisses Maass hinaus (s. darüber unten) nahe zu kommen: er kleidet die menschliche Gestalt in bestimmte Formen, die nicht sowohl der Natur, als dem Stil seiner Zeit angehören, und gibt für Landschaft und Architectur bedeutende Zeichen statt täuschenden Schein. Andererseits sollen, wiederum selbstverständlich, nicht die Unvollkommenheiten der Darstellung im einzelnen aus jener Ansicht erklärt werden. Nur um die Werke auf den Höhen der Entwickelung handelt es sich. Diesen gegenüber soll aber den Maassstab zur Beurtheilung nicht die grössere oder geringere Naturwahrheit abgeben, sondern die Frage: kommt das Wesen mittelalterlicher Malerei hier zu seinem wahren Ausdruck?

Freilich gilt es dann zunächst zu bestimmen, worin wir etwa das Wesen mittelalterlicher Malerei zu sehen haben. Allein das kann und soll hier nicht geschehen. Die Beantwortung einer solchen Frage darf doch nur auf Grund einer umfassenden Kenntniss mittelalterlicher Geisteskultur unternommen werden. Hier kam es uns nur darauf an zu zeigen, dass Werken, wie dem jüngsten Gericht auf der Reichenau oder den Illustrationen der Manesse-Hs. fort und fort Gewalt angethan wird, wenn man

---

konnte. Bei der Buchmalerei tritt der Zweck der Erklärung des Geschriebenen in den Vordergrund: Der monumentale Charakter weicht damit der ausserkünstlerischen Aufgabe, vor allen Dingen klar zu sagen, was dargestellt ist.

Für uns ist hier die Hauptsache die Anerkennung des Satzes: Keineswegs allezeit hat der Künstler in der Nachahmung der Natur den Zweck seiner Schöpfung oder auch nur eine unerlässliche Vorbedingung für deren Wirkung gesehen.

sie nach dem Grad ihrer Natürlichkeit beurtheilt. Dann allerdings muss man dazu kommen, in der ganzen mittelalterlichen Kunst nur ein erfolgloses Ringen nach Naturwahrheit zu erkennen.[1]

Wir finden, dass eine solche Betrachtungsweise ein wahrhaft geschichtliches Verständniss unmöglich macht, dass jenes Urtheil ungerecht ist. Eine künftige Erörterung der oben angeregten Frage mag uns einen neuen Maassstab zu gerechterer Würdigung lehren.

Ein rascher Ueberblick über die älteren Erzeugnisse mittelalterlicher Malerei soll uns vergegenwärtigen, wie sich das Material zu unserer These im einzelnen stellt. Zugleich soll uns dieser Ueberblick bis heran an die Zeiten führen, denen wir eine etwas eingehendere Beachtung schenken müssen.

Wir beschränken uns von jetzt ab auf die Buchillustration, doch gilt diese Ausführung mit wenig Einschränkung oder Erweiterung auch für die Wandmalerei.

Wenn es erlaubt ist, die Kunstthätigkeit eines Kindes zur Beleuchtung urzeitlicher Kunstübung eines Volkes heranzuziehen, so möchten wir auf die Ausführungen aufmerksam machen, die K. Lange in seinem jüngsten Buche[2] über diesen Punkt gegeben hat. Langes Erörterung gipfelt in dem Satze, dass das Kind beim Spiel ebenso, wie beim Zeichnen, Stäbchenlegen, oder im Bilderbuch „nicht die realen Dinge, sondern ihre Symbole sehen will."[3]

Ich glaube, dieser Satz lässt sich ohne weiteres auch auf die Kunstthätigkeit unserer Vorzeit anwenden. Erinnern wir uns

---

[1] Vgl. das ziemlich herbe Urtheil Woltmanns (Gesch. der Malerei I, 239), das überhaupt für die ältere Betrachtungsweise kennzeichnend ist. Ich muss hier der Gerechtigkeit halber nachholen, dass die oben vertheidigte Anschauung keineswegs ganz neu ist. Nur ist sie nie so recht grundsätzlich betont und zur nothwendigen Vorbedingung für ein richtiges Verständniss und eine gerechte Würdigung mittelalterlicher Kunst erhoben worden. Vgl. abgesehen von Schnaase (vor allem II 250 ff) z. B. Janitschek, Ada–Hs. S. 107 (zum Goldenen Psalter), Kämmerer, Landschaft in der deutschen Kunst S. 16 und S. 29. Auch hier sind nicht alle Folgerungen gezogen, die m. E. zu ziehen sind. Endlich streift auch Lamprecht, Deutsche Geschichte I, 180 unsere Auffassung, wenn schon das entscheidende Wort nicht gesprochen wird.

[2] Die künstlerische Erziehung der deutschen Jugend. Darmstadt 1893.

[3] S. 52.

der Thatsache, dass sich bei ganz und gar rohen Völkern mitunter höchst realistische Thierzeichnungen finden. Daneben mag die ornamentale Behandlung der Dinge noch lange überwiegen. Daraus erhellt: nicht das unentwickelte Können, sondern das eigenartige Wollen veranlasst den Mangel an Natürlichkeit. Mit Zuversicht dürfen wir auch von dem Germanen sagen, wenn er wirklich darnach trachtete, die Formen seiner Umgebung so wiederzugeben, wie er sie sah, so hätte er doch wohl den Realismus des 15. Jahrhunderts einige Jahrhunderte früher erreicht. Aber daran dachte er gar nicht. Er war sich andererseits auch nicht bewusst, dass seine Zeichnung von dem Bild auf seiner Netzhaut abweiche. Vielmehr: wenn er zeichnete, so genügte ihm die Erinnerung an den Gegenstand, und dieses Erinnerungsbild kleidete er nun zum Zweck künstlerischer Wiedergabe in die Formen des „Stils" seiner Zeit. Dass das Ornament, welches auf diese Weise zu stande kam, eine Erscheinung der Natur „nachahmen" sollte, ist ein Gedanke, den wir ihm nicht beilegen dürfen.

Diese Stufe künstlerischer Leistung kommt in den vorkarolingischen Hss. zu klarem Ausdruck. Dann verändert der Einfluss antiker Bilderhandschriften völlig die Grundlagen. Jetzt wird dem Germanen zum ersten Mal gezeigt, dass und wie auch Darstellungen von Menschen, von Gruppen lebender Wesen, von ganzen Geschichten möglich seien. Fortan bleiben die allgemeinen Grundsätze der Schilderung eines Gegenstandes auf dem Pergament, wie sie die antiken Hss. lehrten, ein unverlierbarer Besitz der germanischen Völker. Aber eben den Zug, auf den es uns hier vor allem ankommt, den übernahm der Germane nicht. Die antiken Prachthandschriften schildern Mensch und Thier, wie sie dem Beobachter erscheinen. Die Zeichner der karolingischen Schreibstuben dagegen sind weit entfernt, sich dadurch die Augen für ihre Umgebung öffnen zu lassen. Sie schildern ihre Menschen genau wie sie sie in ihren Vorbildern finden. Und ebenso die ganze Welt, in der diese Menschen leben.

Und doch: Einiges sehen sie ihrer Umgebung zweifellos ab: Tracht und Geräth z. B. sind meist nicht die der Antike, sondern die der fränkischen Gegenwart. Wie verträgt sich das mit unserer Voraussetzung? Ich glaube, die Frage beantwortet sich ganz leicht, wenn wir beachten, wo diese Abbildungen gegenwärtigen Lebens auftreten.

Für Ceremonienbilder, Bildnisse, die Ueberreichung eines Buches an einen noch lebenden Herrscher u. dgl. konnten die antiken Hss. doch nur etwa das Schema der Composition lehren. Mittlerweile war aber die Fähigkeit der Zeichner so weit gewachsen, dass sie jene Vorbilder für ihre Zwecke umzuändern im stande waren. Wenn ein fränkischer Fürst geschildert werden sollte, musste er doch mit allen Attributen eines solchen ausgerüstet sein. Das gebot das Verlangen nach Deutlichkeit. Wie wenig man darauf ausging, der Wirklichkeit selbst nahe zu kommen, beweist schon die allgemein anerkannte Thatsache, dass nirgends von eigentlichen Porträtdarstellungen die Rede sein kann, und dass der Schauplatz der Vorgänge stets ein idealer ist.

Uebrigens herrschte die hohe karolingische Buchmalerei bekanntermaassen nur eben so weit und so lange, als gute Vorbilder vorhanden waren.

Die Entwickelung der eigentlich nationalen Hss.-Illustration kennen zu lernen, müssen wir uns nun der Geschichte jener kunstlosen Federzeichnung zuwenden, welche von der Peripherie des karolingischen Kulturkreises ausgeht. Bei dieser Erörterung beschäftigt uns vor allem die Frage: Wie ist bei unserer Auffassung zu erklären, dass zweifellos vom achten bis zum vierzehnten Jahrhundert mindestens die menschliche Gestalt immer naturwahrer wird?

An dieser Stelle tritt, meine ich, Lamprechts Schilderung der Entwickelung des nationalen Geisteslebens in ihr Recht. Es kann und soll nicht bestritten werden, dass die Fähigkeit, die Natur zu meistern, langsam wächst, dass der Mensch des 13. Jahrhunderts ganz anders der Welt gegenüberstand, als der des 10.

Was wir zu erweisen haben, wird lediglich dies sein, dass die Verwerthung der geistigen Fortschritte im Dienste der Malerei nicht aus der allezeit lebendigen Absicht, die wahren Formen der Natur zu erfassen, hervorging, sondern dass vielmehr die besonderen Forderungen, welche der Zweck der Malerei in unserm Sinne stellte, Anlass zu jener Verwertung wurden. Diesen Beweis zu erbringen, müssen wir wenigstens einen kurzen Blick auf die Federzeichnungen der karolingisch-ottonischen und der staufischen Zeit werfen.

Nehmen wir ein Werk wie den Goldenen Psalter von St. Gallen, so ist sicherlich Janitschek im Recht, wenn er die grössere Natürlichkeit dieser Bilder gegenüber den meisten Schöpfungen der hohen Kunst derselben Zeit auf den Mangel an unmittelbaren Vorbildern zurückführt: Composition und lebendige Wahrheit der Bewegungen entsprangen gewiss (als Ergebniss unwillkürlicher Beobachtung und guten Formengedächtnisses) der geistigen Frische des Künstlers. Dass er aber von dem Schatze lebendiger innerer Anschauung nur so weit Gebrauch machte, als der Mangel an Vorbildern ging, das zeigt aufs deutlichste die Behandlung alles einzelnen. Nicht nur die allgemeinen Grundsätze der bildlichen Uebertragung eines Stoffs aufs Pergament hat er natürlich irgendwo abgesehen. Er untersteht auch in der Zeichnung der Gestalt und des Schauplatzes der Begebenheiten völlig den Ueberlieferungen der karolingischen Kunst: Die Schollen des Erdbodens, die Ornamente, welche Pflanzen darstellen, die niedrigen Rundmauern für Städte, die abgestuften Einzelgebäude,[1] die Thorbogen als Innenräume und endlich der ganze Formenkanon der Gestalten, das alles kehrt in anderen Hss., wie in Elfenbeintafeln vielfach wieder.

Dies Nebeneinander von freier Erfindung und überkommener Formensprache ist eben das Bezeichnende. Wenn sich dieser Künstler wirklich im ganzen die Anregung aus der Natur holte, so verstehen wir schlechterdings nicht, wie er dazu kam, jeder Gestalt, sie mag stehen wo sie wolle,[2] eine Erdscholle unter die Füsse zu geben. Das lässt sich nur als eine völlig missverstandene Anwendung des Erdbodensymbols nach Vorlagen erklären. Und sagen wir: die ganze Zeit bemeisterte die Natur nur erst typisch, so muss ich gestehen, dass mir nicht recht klar wird, wie man unter dieser Annahme die völlige Gleichgültigkeit gegen die reale Farbe der Dinge und das Festhalten an den seit alters gebrauchten Baum- und Gebäudeformen verständlich finden will.

---

[1] Rahn, (Psalterium Aureum v. St. Gallen. 1878. S. 39) meint, es könnten Bauten des Klosters St. Gallen hier nachgebildet sein. Dies trifft sicherlich nicht zu. Wir finden ganz dieselben Baulichkeiten allenthalben in der karolingischen Buchmalerei und vereinzelt schon auf älteren Elfenbeintafeln.

[2] Vgl. Rahn Tfl. XIII.

Ich meine daher, wir müssen zugeben, dass dem Zeichner die Begriffe naturwahr und naturwidrig gar nicht in Frage kommen, dass er nur durch die Nothlage, ohne Vorbilder zu schaffen, zu einem gewissen Maass von Naturwahrheit gelangte, dass er aber bewusst und absichtlich den neuen Stoff in die alten Symbole, die alten überkommenen Formen einkleidete, weil diese, die Laute seiner Bildersprache, völlig genügten, zu sagen, was er sagen wollte.

Und sie genügten auch noch das ganze ottonische Zeitalter hindurch.

Erst im 12. Jahrhundert wird alles anders. Die völlige Neubelebung bzw. Umgestaltung der zeichnenden Kunst etwa seit 1150 hat mannigfache Ursachen. Sehen wir zu, wie sich unsere Anschauung mit ihnen abfindet.

Zunächst ist selbstverständlich, dass ein eigentlicher Stilwechsel sich vollziehen, d. h. dass die besondere Form der Symbole sich ändern kann, ohne dass die Auffassung der Aufgabe der Kunst selbst eine irgendwie andere zu werden braucht. Das Symbol für „Baum," die Faltengebung des Gewandes kann jetzt so und jetzt anders stilisirt werden, es kann weiter ein bald stärkeres, bald schwächeres Gefühl für Symmetrie und Rythmik der Linien und Körper[1] auch in der Composition sich geltend machen: Das alles, ohne dass dadurch des Künstlers Verhältniss zur Natur in Mitleidenschaft gezogen zu werden braucht. Aber jetzt erhalten wenigstens die menschlichen Gestalten nicht nur ein neues, sondern unbestreitbar ein der Wirklichkeit mehr entsprechendes Aussehen.

Dies ist zu erklären.

Jede eingehende Schilderung der glücklichen Zeit von 1180 bis 1250 hat auch darauf hingewiesen, worin vornehmlich der Fortschritt gegen das 11. Jahrhundert besteht: „Die Entdeckung der Natur der Seele mit der Fülle von Stimmungen und Regungen nimmt für die Malerei jetzt ihren Anfang." An sich ist nun gar nicht abzusehen, warum das Auge nicht eher einen Baum richtig auffassen, als den Ausdruck eines Affectes wahrnehmen sollte

---

[1] Hierher würde gehören, was Schnaase II, 250, Woltmann I, 240 u. a. über den »strengen Stil« sagen.

Wir werden also diesen einseitigen Fortschritt auf eine Forderung von seiten der Kunst selbst zurückzuführen neigen.

Mehrfach ist ausgesprochen worden, wie sich die neuen Errungenschaften zuerst und am lebendigsten in den Bildern zu der neuen Litteratur jener Zeit offenbaren. Eine Fülle neuer Stoffe drängte zur Verkörperung. Für sie stand weder ein Schema rest, noch waren ihrer so wenige, so wohlbekannte, dass das blosse Beisammensein bestimmter Personen und einiger Symbole sofort den dargestellten Gegenstand hätte errathen lassen. So war es vordem gewesen: drei bis vier männliche nimbirte Gestalten links, davon eine mit ausgestrecktem Arm nach rechts vortretend, zu ihren Füssen zwei knieende Frauen, ganz rechts ein Thurm, davor eine von den Zehen bis zum Hals festumschnürte Mumie stehend: Das genügte, um jedermann sofort die Auferweckung des Lazarus ins Gedächtniss zu rufen. Anders jetzt. Wenn ein begabter Zeichner nun die Eneide, Konrad von Scheiern die Theophiluslegende illustrirte, wie sollten sie auf Verständniss zählen, wenn nicht sorgfältiger berechnete Anordnung, lebendigere Bewegung und Affectäusserung das blosse Nebeneinander der Gestalten zur handelnden Gruppe erhob, die Scene psychologisch erläuterte?

Aber noch mehr: ob es einem allgemeinen Gesetz entspricht, dass erst das Seelenleben, dann die Aussenwelt entdeckt wird das wage ich hier weder zu bejahen, noch zu verneinen. Zweifellos dagegen ist, dass die deutsche Dichtung des beginnenden 13. Jahrhunderts eine Kenntniss der Seele verräth, die uns überrascht. Nun scheint doch nur natürlich, ja unumgänglich nothwendig, dass ein Künstler, der die Helden der neuen Dichtung darstellen wollte, ihren Schmerz und ihre Freude ebenfalls ausdrückte. Die Leidenschaften gehören so gut zu diesen Menschen wie ihre Rüstung. Ohne sie waren sie nicht das, was sie sein sollten.

Endlich dürfen wir sagen, dass, wie eben die Litteratur uns zeigt, die ganze Zeit besonderes Wohlgefallen an der psychologischen Seite der Geschehnisse hatte. Also forderte die Phantasie auch von der bildlichen Darstellung Anregung zur lebendigen Nachdichtung des Seelenlebens der Helden und Heldinnen.

Dass der Künstler f ä h i g war, die Ausdrucksbewegungen

der Affecte richtig wiederzugeben, das folgt sicherlich aus der unterdessen für sich gegangenen Weiterentwickelung des Geisteslebens. Aber dass sich der Fortschritt in der zeichnenden Kunst fast nur auf die Wiedergabe des Seelenlebens beschränkt, und dass er durch die Aufnahme neuer Stoffe, wie durch die psychologische Vertiefung der alten vor allem hervorgerufen erscheint, das erklärt sich, wie mir vorkommt, am besten aus unserer Anschauung.

Also: nicht die steigende Bewältigung der Aussenwelt gelangt jetzt auch in der Malerei zur Schilderung der Natur der Seele. Vielmehr ist diese Schilderung geboten einmal als vor allem beliebter Bestandtheil der Stoffe selbst und dann als Mittel zu deren Verdeutlichung.

Der völlige Irrealismus der Farbe, die Bezeichnung alles Beiwerks (des Erdbodens, der Bäume, der Gebäude) durch Symbole, die nur eine Abwandlung der früher gebrauchten sind und der Wirklichkeit kaum einen Schritt näher kommen, die völlig gleiche Formensprache für alle Menschen dieser Zeit in der ganzen zeichnenden Kunst, wiederum im einzelnen der Natur ebenso fern als vordem: das alles wird unverändert beibehalten und beweist, dass die Stellung zur Aufgabe der Malerei grundsätzlich dieselbe geblieben ist. Und sie bleibt dieselbe auch nach 1300 bis zum Anbruch der neuen Zeit um 1400. Da wir jedoch den Werken dieses letzten mittelalterlichen Zeitraums eine besondere Betrachtung widmen wollen, dürfen wir hier abbrechen.

ZWEITES KAPITEL.

Wenn ich im Folgenden versuche, die Buchillustration zwischen 1300 und 1350 zusammenfassend zu schildern, so sind einige Worte zur Rechtfertigung einer solchen Gesammtbetrachtung vorauszuschicken.

Es ist gar nicht zu verkennen, dass die Werke dieses Zeitraums ein recht verschiedenartiges Gepräge tragen. Natürlich das ganze Kunstgebiet war längst in einzelne durch Sonderentwickelung gegen einander abgegrenzte Landschaften zerfallen. In der Weiterbildung von Technik und Formensprache macht sich immer mehr örtliche Eigenart geltend. Aber Technik und Formensprache sind es auch allein, die umgeschaffen werden. Die Auffassung des Zwecks der Buchillustration ändert sich nicht. Das Symbol für Stadt kann hier so und dort anders stilisirt, Haar und Gewand hier in grossen Formen, dort in kleinlichem Gewirr gezeichnet werden: Die Grundanschauung bleibt dieselbe. Kein Gegenstand, kein Vorgang wird dargestellt, wie ihn ein idealer Theilnehmer gesehen hätte, sondern übertragen in die alten (wenn immer so und so abgewandelten) Formen, auf deren grössere oder geringere Naturwahrheit nicht das Hauptgewicht gelegt wird.

Uebrigens überwiegt auch in der Formensprache das Gemeinsame weit die Besonderheiten örtlicher Kunstübung. Und ebenso bedingt verschiedene Technik keinerlei tiefer greifende Unterschiede der Darstellung. Keineswegs etwa sind die leicht colorirten Federzeichnungen überall frischer und kecker als die Deckfarbenbilder. Das hat auch Janitschek gefühlt, wenn er z. B. die Weltchronik in der Stadtbibliothek in St. Gallen mit Darstellungen in Waschfarben auf schwerem Goldgrund zu den Werken der Federzeichnungstechnik zählt, dagegen die Bilder ohne Goldgrund in der Manesse-Hs. zu den Erzeugnissen der Waschfarbenmalerei.

Bedeutungsvoller könnte ein weiterer Unterschied sein, der sich nach Janitschek mit dem eben besprochenen deckt: die Federzeichnung ist, wie Janitschek charakterisirt, volksthümlich und national, das Deckfarbenbild dagegen Werk höfischer Kunst und französischer Herkunft.

Mit der Erörterung der französischen Einwirkungen auf unsere Malerei gerathen wir auf einen der dunkelsten Punkte mittelalterlicher Kunstgeschichte. Er kann unmöglich hier erschöpfend behandelt werden. Nur dies glaube ich zeigen zu können, dass Janitschek's Scheidung auf unüberwindliche Schwierigkeiten stösst.

An die Spitze der Werke nationaler Federzeichnung wird das Balduineum gestellt.[1] Sehen wir uns den Bilderschmuck dieser Hs. an, so finden wir, dass einmal Initialen und Randleisten durch-

---

[1] Janitschek, Geschichte der deutschen Malerei S. 171.

aus französischer Art sind,[1] und dass weiter auch die Darstellungen in ihrer Bemalung en grisaille nicht sowohl deutscher, als vielmehr französischer Kunstübung entsprechen.[2]

Es scheint also, als ob wir die Federzeichnungen der Trierer Hs. keineswegs ohne weiteres für die deutsche Kunst in Anspruch nehmen dürfen. Eigentlich war dies Ergebniss auch von vorn herein zu erwarten: wenn irgendwo in Deutschland, musste am Hofe der Luxemburger französischer Einfluss stark sein.

Andererseits: unter den ersten Werken der französischen Hofkunst nennt Janitschek[3] die beiden Minnesingerhandschriften in Stuttgart und Heidelberg (Man.-Hs.). Stilistisch sind sie ebenso weit von einander verschieden (vgl. z. B. die Zeichnung der Augen u. s. f.), wie beispielsweise die Stuttgarter (Weingartener) Handschrift mit der Weltchronik in St. Gallen nahe verwandt. Ich kann also durchaus nicht sehen, warum gerade diese beiden Minnesingercodices französischen Geist athmen sollen und die Weltchroniken sämmtlich nicht. Und doch sind unter diesen solche, die ganz zweifellos französische Kunsteinflüsse verrathen (z. B. die Weltchronik von 1381 in Stuttgart), während ich mindestens für die Man.-Hs. kein schlagendes französisches Seitenstück wüsste.

Es scheint, dass hier die Erwägung des Inhalts und damit des Publikums der Bücher zu einer unhaltbaren Theilung geführt hat. Aber der Bilderkreis, der auf Anordnung und unter ständiger Aufsicht eines der ersten deutschen Fürsten zum besonderen Gedächtniss an eine Grossthat seines Hauses hergestellt wurde (Balduineum), war doch sicherlich nicht volksthümlicher, als die Sammlung deutscher Lieder und Sprüche, die möglicherweise irgend ein Stadtpatricier anlegte. Und die Weltchronik Rudolf's von

---

[1] U. z. im Bald. I und II gleichermaassen, also auch in dem Band, der die Bilderfolge enthält. Vgl. die Veröffentlichung des Balduineums, Einleitung S. VII und die mitgetheilten Abbildungen nach Randleisten.

[2] Mir ist auf deutschem Boden nicht ein einziges Werk bekannt, dass diesen Federzeichnungen entfernt so nahe käme, wie die — wenn immer 50 Jahre jüngeren — Illustrationen zu einem Miroir historial Louis', Duc d'Orléans, von 1395 (Paris, Nationalbibliothek Nr. 312/315 fonds français), die Delisle in der Gazette Archéologique XI. 1886. S. 99 (mit Lichtdrucktafel) bespricht.
Bei umfassenderer Kenntniss der französischen Buchmalerei würden sich unschwer ältere Beispiele dieser Art anführen lassen.

[3] S. 179

Ems war ebenso ein höfisches Epos wie der Wilhelm von Oranse, wie denn auch m. E. so gut wie alle diese Weltchroniken des 14. Jahrhunderts für hohe Herren, sei es nun auf dem Land oder in der Stadt, geschrieben und gemalt wurden. Ein „Volk," das solche Bücher kaufte, gab es in der ersten Hälfte des 14. Jahrhunderts noch nicht.[1]

Also weder von der stilistischen Betrachtung der Bilder selbst, noch von der Scheidung in Volks- und Hofkunst aus vermögen wir die Sonderung in nationale Federzeichnung und französische Waschfarbenmalerei aufrecht zu erhalten. Ich glaube daher, man würde gut thun, vor der Erörterung des westlichen Einflusses die schon oben gestreifte Sonderung des ganzen Materials nach Landschaften vorzunehmen. Nur müsste dann eben auch das ganze[2] Material herangezogen werden. Die Mundart der Hss. gibt ein völlig sicheres Mittel zur Ursprungsbestimmung innerhalb weiterer Grenzen an die Hand, und von germanistischer Seite ist einer solchen Untersuchung schon mannigfach vorgearbeitet. Nach einer solchen Gruppirung des Stoffs würden sich Centren französischer Kunstübung auf heimischem Boden leicht herausstellen u. s. f.

Aber zurück von dieser Abschweifung. Wir entnehmen dem Gesagten so viel: eine sichere Ausscheidung der französisch beeinflussten Bilderhandschriften ist vorläufig unmöglich.

Sie ist aber glücklicherweise auch nicht nöthig für unsere Zwecke. Noch wandelt die Buchillustration in Frankreich auf denselben Bahnen wie in Deutschland. So sind die Unterschiede mehr stilistischer Art: Zweck und Wesen der bildlichen Texterläuterung

---

[1] Für einige Weltchroniken steht durch Eintragung fest, dass sie auf fürstliche Bestellung geliefert wurden. Für andere ist es höchst wahrscheinlich. Was man als Werke der Volkskunst noch anführen könnte, wären einmal Erbauungsbücher, wie die Armenbibel. Allein die älteren Hss. dieser Opera sind sicherlich im Kloster für Klosterbedürfnisse hergestellt. Und die Rechtsbücher endlich, die Janitschek als dritte Gruppe nennt, mögen wiederum weit eher der Unterrichtung vornehmer Laien, als dem arbeitenden Volke gedient haben.

[2] Wie viel daran noch fehlt, zeige dies Verhältniss: von den (etwa 20) Bilderhandschriften der Weltchronik (Rudolfs von Ems und der Christ-Herre-Chronik) aus dem 14. Jahrhundert ist noch lange nicht die Hälfte nur auch irgendwo in der kunsthistorischen Litteratur erwähnt. Veröffentlicht ist der Bilderkreis keiner einzigen. Dass es mit den Bilderhandschriften anderer Werke eher noch schlimmer steht, braucht kaum erwähnt zu werden.

sind hier und dort dieselben. Wir dürfen also beruhigt Werke jeder Technik und jeden Stils zu unserer Gesammtbetrachtung heranziehen.

Ich habe für diese eine grössere Anzahl von Bilderhandschriften der ersten Hälfte des 14. Jahrhunderts benutzt, die vollständig aufzuzählen verlorene Mühe sein würde, denn nur ein kleiner Theil ist veröffentlicht. Von diesen letzteren will ich für jede deutsche Landschaft ein Beispiel nennen, damit man das Gesagte nachprüfen könne. Uebrigens denke ich nur für besonders bemerkenswerthe Züge die Quelle anzuführen. Alles andere gilt für alle Hss., wie es denn auch der Uebereinstimmung aller entnommen ist.

Man vergleiche:

1. Biblia Pauperum, herausgegeben von Laib und Schwarz. Jetzt in zweiter Auflage: Würzburg 1892.

Die Hs., jetzt in der Gymnasiumsbibliothek in Konstanz, ist nicht wie die Herausgeber vermuthen in Konstanz, sondern in Mitteldeutschland[1] geschrieben, u. z. um 1300.

2. Die Welislaw-Bibel in der fürstlich Lobkowitzischen Bibliothek zu Prag. Die Bilder sind theilweise veröffentlicht von Wocel in den Abhandlungen der Kgl. Böhm. Ges. der Wissenschaften 1870 VI. Folge, 4. Band. Prag 1871.

Die Hs. ist in Böhmen etwa zwischen 1300 u. 1320 entstanden.[2] Der Bilderkreis ist keineswegs original, wie Wocel meint, sondern weist auf die französischen Historienbibeln hin.[3] Leider kenne ich die französischen Denkmäler dieser Zeit zu wenig, um Bestimmteres sagen zu können.

3. Die Armenbibel im Stifte St. Florian (Oesterreich o./E.) herausgegeben von Camesina u. Heider. Wien 1863.

Die Hs. gehört ebenfalls den ersten Jahrzehnten des 14. Jahrhunderts an und ist wohl im Stift St. Florian selbst gefertigt.

---

[1] Der Dialect ist zweifellos ein mitteldeutscher, u. z. weist er, wie Herr Prof. Sievers in Leipzig so freundlich war mir zu zeigen, alle Eigenheiten des Schlesischen auf.

[2] So auch Janitschek Schultz' Datirung zustimmend: Repertorium XV, S. 411.

[3] Vgl. z. B. die Hss. Nr. 2554 und 1179 der K. K. Hofbibliothek in Wien.

Vgl. auch die (mit Abbildungen ausgestattete) Besprechung dieser und verwandter Hss. von Heider: Beiträge zur christl. Typologie im Ib. der K. K. C. K. V. 1861.

4. Die Manesse-Hs. Lichtdruckausgabe von F. X. Kraus. Strassburg 1887.

Diese entwickelteste Hs. unseres Zeitraums ist etwa 1330 u. z. in der Gegend zwischen Zürich und Konstanz (beide Orte natürlich einbegriffen) angelegt worden.

5. Die Romfahrt Kaiser Heinrichs VII. im Bilderkreis des cod. Bald. Trev. herausgegeben von der Direktion der Kgl. Pr. Staatsarchive. Berlin 1881.

Gezeichnet ist der Bilderkreis in den Jahren zwischen 1314 und 1354, jedenfalls bald nach 1314 und in Trier.

Dass wir auch diese Hs. in die allgemeine Erörterung mit einbeziehen können, ohne ihr im mindesten Gewalt anzuthun, ist vielleicht der stärkste Beweis für die Gültigkeit unserer Anschauung: auch die Schilderung zeitgeschichtlicher Begebenheiten führt nirgends auch nur einen Schritt über die andeutend-symbolische Darstellung hinaus. Ja wir finden hier ganz besonders sprechende Beispiele für diese, die wir gleich hier anführen wollen, weil sie m. E. bisher nicht in ihrer vollen Bedeutung gewürdigt worden sind: wie auf den Urtheilspruch des Königs die Thürme Kremonas gestürzt werden, erblicken wir vorn den König in feierlicher Gerichtsitzung umgeben von seinen Getreuen, und vor ihm die unterworfenen Kremonesen. Hinter dieser Gruppe sieht man die entzweibrechenden Thürme der Stadt. Nach der alten Beurtheilungsweise müsste man sie lächerlich klein finden: wir dürfen sie als völlig zweckentsprechend anerkennen (Tafel 11). Weiter: der Brand der Belagerungsmaschinen vor Brescia wird durch kleine Flammen angedeutet (Tfl. 14). Die Zerstörung der Befestigungen der genannten Stadt, ähnlich wie die der Thürme von Kremona, durch brechende Mauern (Tfl. 15). Die Verwüstung einer Gegend zeigen Gefässe, Geräthe u. s. f. an, über die das Heer wegreitet (Tfl. 28) u. dgl. m. Dementsprechend kann auch von einer Porträtschilderung gar keine Rede sein. Das breite, etwas vorgeschobene Kinn ist keineswegs dem Erzbischof durchweg eigen.[1]

---

[1] Janitschek S. 171.

Er ist eben so oft ganz normal gebildet. Daneben kommt aber eben jenes breite, vorgeschobene Kinn bald bei diesem, bald bei jenem Manne vor. Und auch „den Versuch der Porträtbildung bei abnormer natürlicher Vorlage"[1] kann ich nicht als solchen anerkennen. Der Krieger, von dem dies gesagt wird (auf Tafel 18a), erscheint sonst nicht ein einziges Mal ganz ebenso dargestellt. Vielmehr hat er jedesmal wieder ein etwas verändertes Gesicht, so oft er auch (am Wappen kenntlich) noch auftritt: vgl. Tfl. 15, 17, 19a, 25—30 u. s. f.

Gewiss war es dem Zeichner, oder vielmehr dem Erzbischof darum zu thun, die Theilnehmer am Zuge von einander zu unterscheiden und hier diesen, dort jenen auszuzeichnen. Aber dieser Zweck wird durch ein ganz anderes Mittel ganz im Geiste unserer Buchillustration erreicht: jeder Mann ist durch sein Wappen, König, Erzbischof u. s. w. durch Attribute kenntlich gemacht. Und muss einmal ein Wappenloser hervorgehoben werden, so schreibt man den Namen ihm zur Seite (Tafel 27).

Wir müssen also den Bilderkreis des Balduineums dahin charakterisiren: die geschichtlich denkwürdigen Vorgänge sollen so dargestellt werden, dass die Erinnerung an das wirkliche Geschehniss beim Anblick der Bilder wieder lebendig wird. Dazu genügt die Andeutung des Schauplatzes und der Handlung nebst genauer Angabe der Hauptbetheiligten, welche aber nur durch ihre Banner bezeichnet sind. Die Unterschriften sind wesentlich zugehörig.

Damit ist gesagt, was einer Gesammtbetrachtung der Buchillustration zwischen 1300 und 1350 vorauszuschicken war. Wenden wir uns nun dieser selbst zu.

Schon die Bemalung, um dies im voraus zu erledigen, ist eine durchaus irreale. Und zwar in den leichtcolorirten Federzeichnungen so gut wie in den Deckfarbenbildern. Blaue Pferde, purpurrothe oder gelbe Blätter, stahlblaues Haar sind etwas ganz Gewöhnliches. Der Goldgrund begünstigt naturgemäss die bunte festliche Bemalung, die nur um ihretwegen da ist, unbesorgt um Wirklichkeit oder Unwirklichkeit.

---

[1] Lamprecht, Bildercyclen und Illustrationstechnik im späteren Mittelalter. Repertorium VII, 409.

Ganz entsprechend stellen sich die einzelnen Theile der Schilderung dar:

Von einer „Landschaft" ist nicht zu reden. Häufig stehen die Personen der Schilderung auf dem unteren Rahmen des Bildes. Wird der Erdboden angegeben, so begnügt man sich mit einem schmalen Streifen, der als Gras-, Schollen- oder Felsboden bezeichnet wird. Dabei schliesst die Linie, die das ganze Bild unten einfasst, zugleich den Streifen nach dieser Seite ab, während eine Reihe senkrechter Strichelchen, eine gewellte Linie, ineinandergreifende Schollen, oder die alten stalaktitenähnlichen Felsen den obern Rand bilden. Der Streifen wird (namentlich in den jüngern Hss.) gern durch Vegetation belebt, die in allerlei stilisirtem Blattwerk oder in dünnen Blümchen besteht.

Zu alledem finden sich Ansätze und Vorläufer schon in weit älterer Zeit, vielfach schon in der karolingischen Buchmalerei.

Der beschriebene Bodenstreifen muss genügen für alle Scenen. Und da sich weitaus die meisten Vorgänge nur unter ganz wenigen Personen abspielen, kommt der Zeichner wirklich selten in Verlegenheit.

Wenn aber eine Darstellung nun doch grössere Raum-Tiefe verlangt, so greift man zu demselben Mittel, das schon der karolingische Buchmaler zur Verfügung hatte: man ordnet die Scenen in zwei Plänen über einander an, je mit einem besonderen Boden. Die ausziehenden Krieger im Goldenen Psalter von St. Gallen[1] haben genau entsprechende Gegenstücke im Bald.[2] und in der Man. Hs.[3] Den Schauplatz nach der Tiefe zusammenhängend auszudehnen, wird noch gar nicht versucht. Es ist schon viel, wenn bei der Anordnung zusammengehöriger Elemente der Schilderung über einander kein Zwischenraum entsteht. So ist im Bald.[4] einmal die belagerte Stadt auf ihrem Felsen dicht über die Zelte der Belagerer gesetzt. Dabei scheint wenigstens die Einheit des Bodens gewahrt.

Wiederholt versucht man Hügel zu zeichnen. Da wird theils

---

[1] Rahn, Psalterium Aureum Tfl. X. s. a. Janitschek S 48.
[2] Tfl. 3. 24.
[3] Tfl. 4. 6 u. ö.
[4] Tfl. 12. 29.

nur die Silhouette eines steilen Kegels gegeben, theils werden aber auch mehrere an- und absteigende Linien gewissermaassen concentrisch über einander gezeichnet. Diese weit natürlichere Bildung hat die merkwürdigste Ausprägung in dem bekannten Bilde des Bald.[1]: „Uebergang über den Mont Cenis" erfahren.

Die Baumformen dieser Darstellung haben den Herausgeber zu der Vermuthung[2] veranlasst, es möchten mit diesen merkwürdigen dicken Blätterbüscheln an kurzem Stamm Alpenrosen gemeint sein.

Sehen wir uns also die Zeichnung der Bäume in unsern Hss. überhaupt einmal an. Meist sind da Stamm und Krone deutlich (häufig, nicht immer, schon in der Farbe) geschieden. Der Stamm ist kurz und dick und fast stehend mit dem Stumpf eines abgebrochenen oder abgesägten Astes versehen. Die Krone besteht aus einem starken Büschel von Blättern, die im umgekehrten Verhältniss zu ihrer Zahl grösser oder kleiner gezeichnet sind. Es kommen schon sehr verschiedene Blattformen vor: Das französ. Dornblatt, das meist wie ein Lindenblatt gestaltet ist, Eichenblatt, Wein-, Ahorn-, Epheublatt und sehr zahlreich ein spitzes, lanzettförmiges Blatt. Oft ist die Krone so gebildet, dass auf einem kreisrunden schwarzen Grund die kleinen Blättchen grün oder gelb, oder auch purpurroth, blau u. s. f. aufgemalt sind.[3]

Zu dieser ersten Baumklasse gehören die erwähnten Gebilde der Darstellung des Alpenübergangs im Bald. Die Form ist die verbreitetste. Ich glaube daher, es ist an nichts anderes, als eben an „Bäume" zu denken.[4]

Es kommen aber noch weitere Baumformen vor: bisweilen verästelt sich der Stamm oben in eine Anzahl Ranken, diese wieder in weitere Ranken, deren jede mit einem grossen Blatt abschliesst. Die Anordnung dieser Ranken ist dabei meist ganz symmetrisch. Die Blätter werden mitunter durch Blumen oder

---

[1] Tfl. 7.
[2] S. 37.
[3] In Rudolf v. Ems Weltchronik (Stadtbibliothek von St. Gallen Nr. 302), einer wohl mitteldeutschen Hs. von ca. 1300 ist die Baumkrone stets von einem Perlsaum umgeben.
[4] Um so mehr, als dieselbe Baumform Tfl. 14 wiederkehrt, wo doch eine Deutung auf Alpenrosen ganz wegfällt.

auch ornamentale Rosetten ersetzt und — das Ornament zur Füllung des Hintergrundes ist fertig. In der That berühren sich derartige „Bäume" aufs allerengste mit jenen Ranken, die sehr häufig nur zum Schmuck freie Flächen bedecken. Sie entsteigen ohne Stamm dem Boden und bilden mit Blättern und Blumen ausgestattet in ornamentalen Streifen einen Ersatz für Gold- oder Teppichgrund. Besonders schön kann man sie in der Man. Hs. studiren.

Ebenda kommen aber endlich Baumformen vor, welche über die zwei ersten Klassen weit hinausgreifen. So zeigt eine stattliche Eiche[1] neben grossen Blättern ebenso grosse wohlgelungene Früchte, und ein anderer Baum[2] weist auch seitlich mit Blättern besetzte Astranken auf. Immer aber waltet auch hier der stilisirend ornamentale Charakter vor.

Nach dem, was über die Raumtiefe im allgemeinen gesagt wurde, dürfen wir auch nicht erwarten, Wasser perspectivisch richtig in den Boden eingefügt zu finden. Wo der Gegenstand ein Meer oder einen Fluss verlangt, ist darum auch stets von einer perspectivischen Schilderung ganz abgesehen. Betrachten wir z. B. den Untergang Pharaos im rothen Meer. Gewöhnlich ist das „Meer" als Fläche von oben gesehen, die darin ertrinkenden Aegypter von der Seite wie auf dem Lande stehend, fallend, liegend dargestellt. Und Flüsse (Mose schlägt Wasser aus dem Felsen, Taufe Jesu im Jordan) sind ganz entsprechend gefasst.

Endlich, um mit einem Wort über den Himmel die „Landschaft"schilderung abzuschliessen, ist von einer Angabe der blauen Luft oder der Wolken keine Rede. Der „Himmel" wird nur geschildert, wenn überirdische Erscheinungen oder atmosphärische Vorgänge ihn fordern. Dann tritt stets eine Maeanderlinie mit gerundeten Ecken, oft auch vielfach gekräuselt, für ihn ein.

Wie die Landschaft ist auch die Architectur durchaus stenographisch. Noch im Balduineum muss ein und dasselbe Stadtthor mindestens zwölf verschiedene Städte und Burgen Italiens der Reihe nach vertreten. Ist es jedoch einmal erforderlich, die

---

[1] Tfl. 130.
[2] Tfl. 114.

Gesammtansicht einer Stadt zu geben, so wird sie nicht etwa in den Hintergrund gerückt und irgendwie verkürzt oder verdeckt gezeichnet, so dass man sie in Gedanken zu ergänzen hätte und ergänzen könnte. Vielmehr tritt dann regelmässig die bekannte polygonale Umfassungsmauer mit ihren Thürmen und darin einige Gebäude auf, d. h. genau genommen nichts anderes als die seit karolingisch-ottonischen Zeiten übliche Abkürzung für „Stadt". Und doch ist ein neuer Zug zu verzeichnen: Dort, am Stadtthor, fehlt nie das Fallgatter, und hier innerhalb der Stadtmauer ragen grosse gothische Bauten empor, wohl erkennbar und erträglich perspectivisch. Damit ist die ganze jetzt übliche Architectur charakterisirt: völlig stenographischer Gesammtcharakter bei realistisch ausführlicher Schilderung der Einzelform. Nie und nirgends ist das Grössenverhältniss genügend: Die beste Architectur ist wenig höher als ein Mensch. Sehr häufig vertritt ein thurmähnliches Gebäude mit Zinnen und einigen Fenstern jede Art von Burg, Haus, Gefängniss, Balcon u. s. f., wie dort ein Thor die verschiedensten Städte. Ja es wird die Abkürzung so weit getrieben, dass z. B. für den Turnierplatz mit seinen Galerieen einfach über den Köpfen der Kämpfenden ein schmaler Streifen von einem Bildrand zum andern geht, der als Mauerwerk gekennzeichnet, von Zinnen gekrönt die Brustbilder hoher Damen trägt. Aber im einzelnen begegnet dann wieder hier ein grosses gothisches Fenster mit Masswerk, dort ein Haus mit gekreuzten Giebelsparren, mit Wasserrinnen, halb geöffneten Fensterlucken und hübschem Gitter am Guckloch, hier eine zierliche Arkade mit Kleeblattbogen auf schlanken Säulchen, dort eine Kirche mit zwei Thürmen, Strebepfeilern und Hohlziegeln auf dem Dache.

Bemerkt mag hier werden, dass die romanischen Formen (z. B. Rundbogenfries) der Buchmalerei nie ganz fremd werden. Sie begegnen uns das ganze 14. Jahrhundert hindurch und werden bekanntlich im 15. Jahrhundert mit bewusster Vorliebe in der zeichnenden Kunst wieder aufgenommen.

Ebenso abgekürzt ist die Schilderung des Innenraums. Allermeist wird er gar nicht angedeutet. Geschieht es doch, so genügt ein Bogen, der einfach von einem Bildrand zum andern gespannt ist, oder etwa auf zwei Thürmen ruht. Oben ist dieser Bogen mitunter durch ein besonderes Dach abgeschlossen, so dass ein thorartiges Gebäude entsteht. Seiten- und Hinterwände fehlen ganz. Der Boden wird durch den unteren Bildrahmen oder den üblichen Erdstreifen dargestellt. Ebensowenig wird natürlich ein idealer Durchschnitt durch den Raum gegeben, wenn es gilt, einen Vorgang im Innern eines Zeltes od. dgl. darzustellen.

So viel über den Schauplatz der Begebenheiten. Fassen wir jetzt diese selbst ins Auge, und zunächst ihren Träger, den Menschen. Da tritt uns nicht ein Charakter entgegen, wie er seit dem 15. Jahrhundert Gegenstand der Schilderung ist, individuell gebildet, wechselnden Stimmungen unterworfen. Vielmehr zuerst und fast ausschliesslich ist es das allgemeine ästhetische Ideal des Menschen dieser Zeit. Sicherlich enthält es in seiner bestimmten Ausprägung einen deutlichen Hinweis auf die Stimmung des Jahrhunderts gegenüber Welt und Menschen. Da wir aber den wahren geistigen Gehalt eines Zeitabschnittes nur sehr schwer richtig erkennen, so verzichte ich auf eine genauere Ausdeutung jenes Idealbildes und begnüge mich damit, hervorzuheben, wie sehr das Gemeinsame in der Schilderung verschiedener Menschen die Unterschiede im einzelnen überwiegt.

Die Verhältnisse der Glieder zu einander, die Formen des Gesichts, der Arme, Hände, der Füsse sind in allen Hss. unsers Zeitraums bei allen Menschen annähernd dieselben.[1] Die Gestalten sind gross, verhältnissmässig schlank, namentlich Schultern und Hüften schmal. Der Hals ist lang, die Köpfe sind meist gross, immer die Gesichter eher breit als schmächtig. Dieser Eindruck wird noch verstärkt durch das (überall ganz gleich behandelte) in kräftigen Locken bis zum Nacken fallende Haar, welches für die Menschen bis gegen 1350 ein besonders deutliches Merkmal bildet. Vereinzelt kommt daneben ganz kurz gelocktes oder frei gewelltes Haar vor. Aber die Regel sind durchaus die beiden grossen Locken von der Form eines umgekehrten Fragezeichens zu Seiten des Gesichts. Auch das Barthaar ist symmetrisch angeordnet. Das Gesicht wird fast nur in Dreiviertelprofil gezeigt. Die

---

[1] Im Folgenden gerathe ich in Widerspruch mit Janitschek (zur Manessehandschrift. Nation 1888, Nr. 24), aber ich kann unmöglich diese Köpfe klein und diese Nasen gerade finden.

Nase ist kindlich geschwungen. Die Augen sind theils „mandelförmige" Spitzaugen (Weingartener Liederhs., St. Galler Rudolf v. Ems, Wälscher Gast in Gotha, Münchener Tristan[1] u. s. f.) theils jene grossen, weit geöffneten Ovalaugen (z. B. Man. Hs.), der Mund ist nicht gross, das Kinn selten besonders bezeichnet. Die Handgelenke sind überall auffallend dünn, die Hände lang, bisweilen ganz lebendig gezeichnet. Die Füsse werden kräftig gegeben, mit hoch gewölbtem Spann, breiter Zehenlage, kurzer und stumpfer Spitze. Nackte Körper gelingen im ganzen gar nicht: Die Formen sind zwar voll, aber plump und flau gezeichnet, besonders die Füsse ganz ungeschlacht.

Dieser Formenkanon liegt mit den unten angedeuteten Einschränkungen der überwältigenden Mehrzahl der Gestalten dieses Zeitabschnittes zu Grunde.

Aber nicht allen. Der seit der zweiten Hälfte des 12. Jahrhunderts ausserordentlich erweiterte Stoffkreis der Darstellung verlangte schon um der Deutlichkeit willen eingehendere Charakteristik der einzelnen Personen s. o. S. 15. So weit eine solche durch äussere Abzeichen zu erreichen war, begnügte man sich mit diesen. Den König macht seine Krone kenntlich, den Richter der Stab. Der Miles hat seine Waffen, der Bote seinen Spiess. Den Mönch kennzeichnet die Tonsur, den Abt der Krummstab. Die vornehme Dame ist mit dem Kränzlein geschmückt, und die Nonne trägt den Schleier. Der Krüppel stützt sich auf seine Krücken, und der Aussätzige warnt mit dem Horn. Weiter hilft natürlich die Tracht charakterisiren. Aber immer ist damit noch nicht alles gethan. Es soll auch ehrwürdiges Alter und jugendliche Frische, es soll hochgemuther Sinn von niedriger Denkart unterschieden werden. Da kann nur eine Abwandelung des Gesichts helfen. Aber, das muss sofort nachdrücklich hervorgehoben werden, überaus spärlich ist noch der Gebrauch, den man von diesem Mittel macht. Ganz wenige Typen sind es, die sich für jene besonderen Zwecke ausbilden und festsetzen. So hat (besonders in den Armenbibeln) das Bedürfniss, Erzväter und Propheten, auch sonst würdige

---

[1] Abgesehen von den bereits durch Rahn geltend gemachten Gründen (Gesch. d. b. K. in der Schweiz S. 640) gehört diese Hs. schon dem Stil der Bilder nach eher ins 14. als ins 13. Jahrhundert.

Alte auszuzeichnen, zu unserer Zeit einen dann vielangebrachten Kopf ausgestaltet mit hohem kahlem Scheitel, an jeder Schläfe einen Haarbüschel, nach unten in einem mächtigen Bart abschliessend. Während dieser und ähnliche Greisenköpfe bald nicht mehr ganz selten sind, gehören Runzeln im Gesicht, hervortretende Backenknochen, individueller gebildete Nasen (vollends im Dreiviertelprofil) noch durchweg zu den Ausnahmen.

Zum Ausdruck niedriger Herkunft und Gesinnung dient meist ein karikirtes Vollprofil. In dieser Stellung kann ja auch die Nase viel freier gezeichnet werden. Da nun nach einer dem Mittelalter geläufigen Anschauung alle niedrig stehenden auch niedrig denken, niedrig denkende aber ebenso wie schlechte Menschen noch langehin als hässlich von Angesicht vorgestellt werden, so ist selbstverständlich, dass sich jenes Vollprofil meist durch äusserst rohe Züge, eine abschreckende Stulpnase u. s. f. auszeichnet. Mit diesem Typus werden Fuhrknechte, Bauern, Burschen, Büttel und Henker, Räuber und Mörder gleichermaassen bedacht.[1] Auch die Haltung der ganzen Gestalt hilft individualisiren. Ob freilich die bekannte S-förmig geschwungene Darstellung der Gestalt, die eben jetzt allgemeiner zu werden beginnt, nicht vielmehr ganz anderswo ihren Ursprung hat, als im Bestreben, höfische Zierlichkeit auszudrücken, muss hier dahin gestellt bleiben. Aber auf eine gewisse Gewaltsamkeit der Bewegungen möchte ich noch aufmerksam machen, die nur aus einem gegen frühere Jahrhunderte veränderten Schönheitsideal hervorgegangen sein kann: die Hände sind rechtwinklig zum Unterarm gebogen, die Finger eckig auseinander gespreizt, doch Daumen- und Zeigefinger-Spitze einander genähert, der Körper geschwungen, die Füsse merkwürdig verrenkt und auf die Zehen gestellt: so schreiten die Gestalten tänzelnd einher.[2] Man fühlt sich seltsam an antik-archaistische Reliefs erinnert. Hier

---

[1] Ob wirklich noch in Hss. des 14. Jahrhunderts Grössenunterschiede zur Bezeichnung der Stände verwandt werden, wage ich nicht zu entscheiden. Im Balduineum hat vielleicht eher der Zwang der Composition zur Darstellung der Unterworfenen (Tfl. 11. 22) in kleinerer Figur geführt. (Vgl. auch Tfl. 15 und 16). Doch will ich Lamprechts Ansicht (Repert. VII, 408) über diesen Punkt nicht widersprechen.

[2] Vgl. z. B. Man. Hs. Tfl. 30. Auch in der St. Galler Weltchronik, im Münchener Tristan und sonst finden sich solche Gestalten.

wie dort ist der angestrebte Ausdruck einfacher Zierlichkeit in heftig gespreiztes Wesen umgeschlagen.

Die Gestalten stehen im ganzen nicht recht fest auf dem Erdboden. Sobald die Zehen nach dem Beschauer zu gerichtet sind, finden wir die Fersen zu hoch angesetzt. Gar nicht selten stehen die Absätze über dem Erdstreifen, oder dem stellvertretenden Bildrand, ragen die Fussspitzen über diesen herunter. Die Zahl der Fussstellungen ist eine sehr beschränkte: bei voller Vordersicht sind beide Füsse, ziemlich weit auseinander, halb nach vorn gesetzt, so dass sie (über die Fersen hinaus verlängert) zu einander einen rechten Winkel bilden. Bei der allermeist üblichen Körperstellung in Dreiviertelprofil wird genau entsprechend ein Fuss ganz seitlich, der andere halb nach vorn gesetzt: die Absätze liegen in einer Höhe, die Füsse stehen in stumpfem Winkel zu einander. Ganz von der Seite gesehene Personen endlich, gehend oder stehend, zeigen beide Füsse in voller Seitensicht, die Ferse des einen vor den Zehen des andern, also beide hinter einander auf einem Plan. Diese wenigen Stellungen sind noch lange die allein üblichen.

Wenn wir uns vor Augen halten, dass auf die naturgemässe Richtigkeit der Bewegungen und Zustände kein grosses Gewicht gelegt wird, so werden wir uns nicht darüber wundern, z. B. bei sitzenden Personen häufig die Kniee zu hoch angegeben, über einander geschlagene Beine verzeichnet zu finden. Liegende ruhen gar nicht schwer auf dem Boden, sondern schweben über ihm, kaum dass sie ihn hier und da berühren. Uebrigens sind alle allzu ungewöhnlichen Lagen möglichst vermieden, und ein einmal erprobtes Schema wird so und so oft mit geringer Abwandelung wiederholt. Dennoch überrascht uns nicht selten eine trefflich wahre Bewegung, Lage, Haltung, durchaus das Ergebniss scharfer Beobachtung und guter Formerinnerung.[1] Aus allen jenen Hss. liessen sich Beispiele hierfür anführen.

---

[1] Es ist schon oben (S. 4) hervorgehoben worden, dass auch die hier zu Grunde gelegte Anschauung von mittelalterlicher Malerei durchaus die Annahme zulässt, es könne ein Künstler mit scharfem Auge und treuem Formgedächtniss ausgestattet «naturwahre» Gestalten schaffen. Worauf es hier allein ankommt, ist, dass auch der Begabteste jene «unwillkürlichen» Beobachtungen nur soweit verwerthet, als der Zweck mittelalterlicher Buchillustration die Verwerthung fordert oder zulässt.

Von einer Ueberschätzung derartiger Einzelerrungenschaften kommen wir sofort zurück, wenn wir einen Blick auf die Menschen in und auf der Architectur werfen. Sobald eine Person von Architectur überschnitten, etwa über einer Zinnenmauer, an einem Fenster nur halb sichtbar ist, begegnet auch regelmässig die Eigenthümlichkeit, dass man die andere Hälfte in Gedanken nicht ergänzen kann, weil das verdeckende Mauerwerk viel zu niedrig ist. Es sind einfach Brustbilder gezeichnet unbekümmert darum, wo wir uns den fehlenden Körper denken wollen. Ganz ebenso sind zu Tische oder in einem Kahn sitzende Personen nur vom Gürtel ab sichtbar, ohne dass genügender Raum für die Ergänzung des Uebrigen bliebe, ja ohne dass die unter dem Tisch nothwendigerweise sichtbaren Füsse bemerkbar wären.

Entsprechende Eigenheiten der Anordnung des Inhalts im Raum treffen wir bei der Bildung der Gruppe. Wo es irgend anging, haben die Zeichner jener Zeit nur wenige Personen einander gegenüber gestellt. Muss sich doch womöglich die ganze Handlung auf einem Plan abspielen, da der Bodenstreifen keinerlei Tiefe hat. So sind also allermeist die wenigen Helden der Geschichte locker neben einander geordnet. Wenn das gar nicht möglich ist, wenn zwei oder mehr Personen hinter einander stehen müssen, so werden dennoch alle Füsse auf einen Plan gestellt, also auch die der Personen, welche von andern überschnitten, demnach zurückstehend gedacht sind. Da sie meist ganz rücksichtslos hingesetzt sind, wohin die zugehörigen Körper sie eben kommen lassen, so ist eine sehr weit verbreitete Erscheinung, dass die Füsse verschiedener Personen so über einander gezeichnet sind, als ob die Leute einander auf die Zehen träten.

Seltener stehen die Füsse der entfernter gedachten Menschen höher, d. h. also über dem Erdstreifen in der Luft. Oefter noch fehlen sie ganz, so dass nur Köpfe und Schultern über den vorn stehenden emporragen. Es leuchtet ein, dass bei der einmal geforderten Einplanigkeit des Schauplatzes die Composition nach der Breite weitaus der in die Tiefe vorgezogen wurde. So ist zu erklären, dass z. B. Kämpfe noch selten als Gewühl, vielmehr allermeist in zwei von rechts und links gegen einander anrückenden Schaaren geschildert werden, dass alle Jagden in den Bildern der Man. Hs. von links nach rechts oder umgekehrt, nie von vorn nach hinten gehen. u. s. f. Bei solch lockerer Komposition war es doppelt schwer, die Figuren nicht aus einander fallen zu lassen. Prüfen wir die Mittel, welche dazu dienen, die geistigen Beziehungen zwischen ihnen auszudrücken, dem Beschauer den Kern der Handlung zu offenbaren.

Da haben wir uns zunächst mit einer Theorie zu beschäftigen, welche K. Lamprecht[1] wiederholt aufgestellt und begründet hat. Ich muss zur Orientierung etwas weiter ausholen. Nach Lamprecht[2] scheiden sich im 13. Jahrhundert Miniaturmalerei und Illustration im prägnanten Sinne. „Damit wird die Illustration ganz ihren eigenen primitiven Gesetzen überlassen; der discursive Charakter mit dem Hintergrund der Belehrung tritt wieder bei ihr auf. Der erste deutliche Beweis für ihr volles Bestehen, soweit ich weiss, sind die illustrirten Sachsenspiegel." Nicht umsonst, heisst es dann weiter, wandte sich die neue Illustrationstechnik sofort der Erläuterung von Rechtsbüchern zu. „Auf diesem Gebiet gab es die vollendetste Symbolik der äusserlichen, körperlichen Handlungen, war das stumme Spiel der Bewegungen und der Gesten an sich Rechtshandlung, gerade auf diesem Gebiete konnte vermöge der grossen allgemein vorhandenen Stärke der Imaginationskraft die discursive Malerei am wenigsten auffallen, ja war nothwendig." „So darf man geradezu den Satz formuliren: die deutsche Illustrationstechnik des späteren Mittelalters ersteht aus dem vermehrten Bedürfniss der Belehrung in Laienkreisen auch ohne Kenntniss der Schrift, und ihre Möglichkeit beruht auf dem Reichthum der überlieferten nationalen Rechtssymbolik."[3]

Also: Lamprecht geht von der Thatsache aus, dass vor Gericht jeder psychische Vorgang oder Zustand, wie überhaupt jede active oder passive Bethätigung ihren wahrnehmbaren Ausdruck in einer symbolischen Handlung finden musste. Diese symbolischen Handlungen, so wird weiter gefolgert, waren in

---

[1] Lamprecht, Bildercyclen und Illustrationstechnik im späteren Mittelalter. Repertorium VII, S. 405 ff. Lamprecht, Deutsche Geschichte bes. II, 220 und III, 2.
[2] Repert. VII, S. 407.
[3] Ebenda S. 408.

ihrer Bedeutung ganz allgemein bekannt. Wenn jetzt der Künstler, der kein anderes Mittel hatte, z. B. Affecte deutlich wiederzugeben, jene feststehenden symbolischen Aeusserungen dafür einführte, so war er allgemeinen Verständnisses sicher. Und nur darauf kam es an.

So ausserordentlich ansprechend diese Ausführung ist, so gestehe ich doch, einige Bedenken nicht überwinden zu können. Es geht meines Erachtens nicht wohl an, um 1250 einen so starken Einschnitt in die Geschichte der Buchmalerei zu machen, dass wir von den Sachsenspiegeln her eine in ihren Mitteln völlig neue Illustration datiren dürften. In der That hat Lamprecht selbst die Verwerthung der Rechtssymbolik als Mittel bildlicher Darstellung schon für weit frühere (ottonische) Zeit nachgewiesen.[1]

Weiter stehen die Illustrationen der Rechtsbücher, soweit ich sehen kann, den übrigen Werken der Federzeichnungstechnik mindestens nicht näher, als diese ihrerseits den Erzeugnissen voller oder halber Deckfarbenmalerei — selbstverständlich ist hier immer nur von den Mitteln zur Wiedergabe geistigen Lebens die Rede. Aber lassen wir das alles auf sich beruhen: die Frage ist erst nach weiteren Vorarbeiten zu lösen. Das höfische Ceremoniell muss ebenfalls herangezogen werden, seine Spuren in der Buchillustration müssen aufgesucht werden u. s. f. — eine umständliche Arbeit.

Hier haben wir es nur mit dem etwaigen Nachwirken jener symbolischen Ausdrucksweise in Hss. unmittelbar nach 1300 zu thun.

Die Untersuchung ist nicht ganz einfach. Auszuscheiden ist zunächst von der Betrachtung die directe Darstellung von Rechtsvorgängen. Es ist sehr wohl verständlich, dass der Künstler den Richter nicht anders zeichnen konnte, als so, wie er sich den Richter seiner Zeit vorstellen musste, sei es mit über einander geschlagenen Beinen, oder mit der Hand in der Mantelschleife, oder mit erhobenem Zeigefinger — sonst war er eben kein

---

[1] Jahrbücher des Vereins von Alterthums-Freunden im Rheinlande Heft 70, 1881, S. 56 ff. und Deutsche Geschichte II, 220.

Richter. Ebenso wohl verständlich ist, dass bei der Darstellung von Kauf und Verkauf, von Belehnung, Schenkung, Einweisung in Pachtgut u. s. f. die bekannten, feststehenden, symbolischen Rechtshandlungen dargestellt werden mussten.

Aber etwas anderes ist es, wenn etwa die bethlehemitischen Mütter genau in den Formen wehklagen, welche das Recht der Klägerin auf Mord vorschreibt, oder wenn der kleine Parzival, der die Vögel im Walde hört, mit dem Finger am Ohr dargestellt werden sollte, wie nach dem Sachsenspiegel der, der „gehört hat", vor dem Richter erschien.

Wollten wir ein deutliches Nachleben dieser Uebertragung des Brauchs vor Gericht auf Vorgänge in andern Lebenslagen zu deren psychologischer Erläuterung im Bilde mit völliger Sicherheit erweisen, so müssten wir zeigen, dass wenigstens noch für einige Zustände geistiger Erregung oder Abspannung solche Symbole gebraucht werden, die sich nicht anders erklären lassen.

Eben dies aber ist nicht ganz leicht. Wir müssen darnach weiter alle Ausdrucksbewegungen von Affecten ausscheiden, die wir heute bei starker Erregung noch ebenso eintreten sehen. Denn wir können sagen: alle diese haben viel eher eine physiologische Ursache, sind also, wenn schon im 13. und 14. Jahrhundert dargestellt, nur das Ergebniss guter Beobachtung des täglichen Lebens und beweisen damit das Gegentheil dessen, was wir darthun wollen. Das aber wird man doch nicht behaupten wollen, es könnten diese Ausdrucksbewegungen ursprünglich willkürliche, symbolische Handlungen gewesen und erst allmälig zu sogenannten unwillkürlichen geworden sein.

Demnach müssen wir uns zu den oben angedeuteten Einschränkungen bequemen. Es gilt, um es noch einmal zusammenzufassen, solche symbolische Handlungen aufzufinden, die an sich nicht Rechtsvorgänge eigentlicher Art, sondern geistige Zustände oder Erregungen bezeichnen, doch aber nicht anders erklärt werden können, als durch Zuhilfenahme der Rechtssymbolik. Diese Symbole müssen womöglich in allen Hss. für denselben Inhalt bräuchlich, und womöglich dessen einziger Ausdruck sein.

Dergleichen Symbol findet sich nicht ein einziges.

Stimmen wir also unsere Forderungen etwas herab. Ein

weit verbreitetes, wenn auch nicht das einzige, Symbol für Trauer ist dies: Der Kopf wird leicht nach einer Seite geneigt und die Wange in die flache Hand des halb erhobenen Arms gestützt. Dieses „Symbol" findet sich so gut wie in allen Hss. unserer Zeit. Aber erstlich dient es in denselben Hss. auch ebenso, um Nachdenken auszudrücken. Sodann wird es wiederholt zu einem Verdecken des halben Gesichts oder auch der Augen, berührt sich also eng mit heute noch üblichen Ausdrucksbewegungen des Schmerzes. Weiter — und das ist die Hauptsache — findet es in der Rechtslitteratur, soweit ich sie kenne, keine Bestätigung als vor Gericht vorgeschriebener Ausdruck der Trauer. Und endlich ist es auch in unsern Hss. keineswegs deren einzige Bezeichnung, vielmehr kommt überall daneben eine ganze Reihe anderer Bekundungen vor, als Ringen oder Zusammenpressen der Hände, Abwenden des Gesichts, Neigen des Kopfes, Emporstrecken der Arme, Zerreissen des Gewandes. Nach alledem gewährt uns dieses Symbol einen festen Anhalt nicht.

Wenden wir uns den einzelnen Hss. zu. Da hat Wocel für die Welislaw-Bibel darauf aufmerksam gemacht, dass mehrfach zum Ausdruck des Jammers und Entsetzens die eine Hand die Handwurzel der anderen umklammert. Aber gerade diese Bewegung bedeutet im Sachsenspiegel streng „Verweigerung". Schweigen oder passives Verhalten soll wiederum in der Welislaw-Bibel dadurch bezeichnet werden, dass der Schweigende den rechten Arm mit der linken Hand beim Ellenbogen anfasst. Dazu verweist Wocel auf Kopp, Bilder und Schriften I. S. 53. Dort findet sich aber lediglich die eben erwähnte symbolische Handlung für Verweigerung: vom Ellenbogen ist mit keinem Wort die Rede. Da sich nun vollends für die beiden Vorgänge in derselben Hs. noch weitere Bezeichnungen finden (für Entsetzen z. B. Emporrecken der Arme, für Schweigen auch Kreuzen der Hände), so kann ich keinen sichern Rest alter ächter Symbolik in ihnen erblicken.

Zum Balduineum sagt Lamprecht:[1] „Auch in den Bildern des Balduineums zeigt sich die symbolische Bedeutung der Handbewegungen noch sehr kräftig. Vgl. z. B. Bl. 4a, 8b, 20a." Ich muss gestehen, dass ich in den erwähnten Bildern nichts finde,

---

[1] Repert. VII, S. 408.

was ein etwas primitiver Zeichner nicht heute geradeso machen könnte — selbstverständlich soweit der Ausdruck seelischer Vorgänge in Frage kommt.

Ebenso steht es aber mit dem spärlichen Befund in anderen Hss. Was allenfalls als Rest älterer Symbolik angesprochen werden könnte steht allein, ist nicht einziger Ausdruck des betreffenden Inhalts, lässt sich in der wirklichen Rechtssymbolik nicht belegen, oder widerspricht ihr geradezu. Kurz, es ist mit diesen scheinbaren Resten nichts Rechtes anzufangen. Ohne die Geltung der Lamprecht'schen Theorie für frühere Zeiten irgend in Frage stellen zu wollen, müssen wir doch gestehen: die alte Symbolik ist in den Bilderhandschriften nach 1300 von neuen Darstellungsmitteln so sehr überwuchert, dass ihr irgend welche Bedeutung für die Wiedergabe seelischer Zustände oder Erregungen nicht mehr zugesprochen werden kann.

Welches sind aber jene neuen Mittel? Wir machen zur Beantwortung dieser Frage scheinbar einen Schritt zurück und nehmen die Ansicht von der Bedeutung der Rechtssymbolik in einer allgemeinen Fassung wieder auf.

Dass namentlich die Hand eine überaus wichtige Rolle im mittelalterlichen Rechtsleben spielte, ist unbestreitbar. Wie diese Thatsache einen reichen Niederschlag in der Sprache gefunden hat, so mag sie auch „das Gefühl für die Ausdrucksfähigkeit der Handbewegungen überhaupt sehr gesteigert haben." Als sicher dürfen wir jedenfalls annehmen, dass ganz anders als heute Neigung und Abneigung, Ernst und Freude der Rede auch einen energischen Widerhall im Spiel der Hände fanden. Weit leidenschaftlicher als heute muss die Aeusserung der Stimmung auch im 14. Jahrhundert noch gewesen sein.

Aber wenn dem auch anders wäre: Die Thatsache bleibt bestehen, dass die Zeichner unserer Hss. des beginnenden 14. Jahrhunderts überaus glücklich sind in der Verwerthung der Handbewegungen zum Ausdruck aller geistigen Bezüge zwischen den dargestellten Personen, zur klarsten Erläuterung des Vorganges. Es gibt nahezu keine Stimmung, keinen Affect, der nicht durch eine lebhafte Geste völlig deutlich versinnlicht würde. Und diese Gestikulation ist immer wieder neu, stets dem besonderen Falle vollkommen angepasst und immer sprechend lebendig.

Dazu kommt manch gelungen motivirte Bewegung der ganzen Gestalt: vor Schreck zurückweichen, sich zuneigen in Liebe, sich abwenden in Trauer, ängstlich zurücksehen auf der Flucht u. s. w. Ja die Mehrzahl unserer Handschriften geht noch einen Schritt weiter: es finden sich Anläufe zur Wiedergabe des Affectes vermittelst Veränderung des Gesichtsausdrucks. Durch Herabziehen der Mundwinkel und Emporziehen der Augenbrauen wird Schmerz, durch Oeffnen des Mundes laute Klage bezeichnet. Zähnefletschen charakterisirt die Roheit des Henkers und Falten auf der Stirn verschärfen diesen Eindruck. Weit geöffnete Augen zeigen passend das Erstaunen an u. dgl. mehr.

Aber dies sind immer noch seltene erste Anläufe. Weitaus die Regel ist völlige Ausdruckslosigkeit des Gesichts, völlig leeres Stieren selbst in Augenblicken höchstgesteigerten Lebens. Weder der Mörder noch der Bedrohte, weder der Sieger noch der zum Tod Getroffene, weder die glücklich Liebenden, noch die schmerzlich Getrennten, weder die Bittenden, noch die Versagenden verrathen im Gesicht, dass etwas in ihnen vorgeht.

Um so bewundernswerther ist, was mit den oben angedeuteten einfachen Mitteln doch erreicht wird. Um nur aus den weniger bekannten Hss. einige ganz wenige Züge anzuführen, so sei auf folgende Fälle glücklicher Verdeutlichung complicirterer Vorgänge hingewiesen: kindliche Zuneigung: der kleine Samuel fasst dem greisen Eli nach dem Haar. Liebende Angst: eine Mutter birgt beim Kindermord ihr Kind unter den Mantel. Verrath: Joab streicht dem Abner, den er eben durchbohren will, mit der andern Hand das Kinn. Ebenso thut Esau dem Jakob, um das Linsengericht zu erhalten: schmeichelnde Bitte. Alle diese Scenen finden sich in den Rundbildern der Konstanzer Armenbibel. In der Welislaw-Bibel sind solche Züge mindestens ebenso häufig. Mehr ein Beispiel für eine kühne und glückliche Darstellung eines zusammengesetzten Bewegungsvorgangs ist die Schilderung, wie Abraham einen feindlichen Heerführer auf der Flucht ereilt, packt und nach vorn herumreisst: der also Gestellte befindet sich deutlich in einer „getheilten Bewegung." Um auch aus der Armenbibel von St. Florian einen Zug ähnlicher Lebhaftigkeit zu erwähnen, so sei auf den Jesusknaben aufmerksam gemacht, der dem alten Simeon zustrebt, und auf Maria, die ihr

Kind innig liebkost. Ueberreich ist an anschaulichen Scenen die Man. Hss. und auch im Bald. fehlen sie nicht ganz.

Um die Summe zu ziehen: die erwähnten Mittel, vor allem das Spiel der Hände, genügen durchaus, alles zu sagen, was gesagt werden soll. Nirgends ein erfolgloses Ringen nach Lebendigkeit, nach Wahrheit. Diese Welt lebt durchaus, liebt und hasst, geniesst und leidet und hat obendrein noch den Ruhm anmuthiger Erscheinung für sich.

Und dennoch sind leise Anzeichen einer neuen Zeit wohl bemerkbar, erste Ankündigungen einer Kunst, die zur Auflösung der mittelalterlichen Illustration schreiten sollte. Wir finden sie vornehmlich in der Schilderung der gegenständlichen Welt.

Unverkennbar schon ist die Vorliebe für die Darstellung der modernen Tracht. Darum ermöglichen diese Hss. auch sämmtlich eine ziemlich genaue Datirung. (Vgl. Schultz, Deutsches Leben S. 367.) Ebenso ist das dargestellte Geräth stets mit eingehender Sorgfalt gezeichnet, wenn auch um der Deutlichkeit willen allermeist zu gross und selten oder nie perspectivisch richtig untergebracht.[1]

Sobald aber ein Vergnügen an diesen Dingen um ihrer selbst willen vorhanden ist, sobald nicht mehr nur so viel gegeben wird, als zur deutlichen Vergegenwärtigung des Vorgangs unbedingt nothwendig ist, dürfen wir auch sagen, dass die alte Auffassung vom Zweck der Illustration ihrem Ende entgegengeht.

Das ist die Doppelstellung, welche die Hss. um 1300 einnehmen. Und sie alle haben theil an jenen Zügen der Kunst der Zukunft. Nicht nur, dass das vom Text geforderte Geräth ausführlich geschildert wird. Jetzt begegnet auch schon die Erweiterung des alten Schemas durch genrehaftes Beiwerk. Neben das Bett der Maria wird die Wiege mit dem Kind recht deutschhäuslich gestellt (bibl. paup. Konst.), der Bau des babylonischen Thurms wird zum Bild einer geschäftigen Bauhütte: eben geht das Emporziehen eines grossen Steins am Krahn vermittelst doppeltem Flaschenzug, Zange, Welle und Tretrad für sich. Ebenso wird der Kornfeimen mit Strohdach auf vier Pfählen genau dem Leben entnommen sein (Wel. Bibel). Der grosse Altar mit Schrein,

---

[1] Kämmerer, Landschaft in der deutschen Kunst S. 32 ff.

Reliquienkästen, Kelch und Messbuch (Bald.) mag sein Vorbild in einer dem Zeichner bekannten Kirche gehabt haben, und der Ministrant, der den Deckel des Weihrauchfasses in die Höhe zieht, um nun mit dicken Backen und gespitzten Lippen die Gluth anzublasen, stand auch nicht im Text.

Wenn die Darstellungen biblischer Scenen weniger leicht zur völlig neuen Auffassung des Stoffes führten, so war das um so mehr der Fall bei Bildern in Schriften weltlichen Inhalts. Inwiefern das Balduineum eine Ausnahme macht, wurde schon oben angedeutet.

Kräftig dagegen lässt uns die Man. Hs. eine neue Kunst ahnen. Wie auch immer es sich verhalte: mag der Künstler dieses Werkes selbst oder der seiner Vorlage von ziemlich leblosen Titelbildern zu dieser Fülle von Scenen aus dem Minneleben übergegangen sein, mag er sich dabei enger an den Inhalt der Lieder angeschlossen oder frei erfunden haben,[1] so viel steht fest: bald nach 1300 bekundet ein alemannischer Zeichner ein solches Vergnügen an der Schilderung reichen fröhlichen Lebens, dass man ihn den ersten Meistern seiner Zeit an die Seite stellen muss.

Liebesscenen unter der Linde und im Gemach, auf der Jagd und am Fenster der Dame, Kampf und Turnier, Spiel und Tanz, Sängerwettstreit und Schulunterricht, Gelage und Bad, Jagd und Fischfang werden uns vorgeführt.

Und diese Scenen sprechen nicht nur durch ihr Auftreten selbst schon für sich, sie sind auch noch mit einer Fülle glücklicher Nebenzüge ausgestattet. Nicht der Jagdzug schlechthin wird uns gezeigt mit Ross und Mann, Falken und Hunden. Vielmehr mitten hinein in den wechselnden Verlauf sehen wir uns gestellt: eben stürzt ein unglücklicher Falke, vom Reiher durchbohrt, mitsammt seinem Feinde herunter, während ein zweiter Jagdvogel drauf

---

[1] Springer (im Repertorium XI, 3 und zur Manesschandschrift, Kunstchronik 1888, Nr. 27) hat für eine Reihe Bilder den engen Anschluss an ein Lied nachgewiesen. Wollte man die noch übrig bleibende Fülle freier Erfindung einem Künstler dieser Zeit nicht zutrauen, so könnte man vielleicht behaupten, dass die Bilder aus einer vollständigeren Hs. übernommen sind, welche mehr Lieder und damit den Text zu einer weiteren Reihe in der Man. Hs. überlieferter Bilder enthielt. Aber das ist nur eine blasse Möglichkeit.

und dran ist, seine schlankhalsige Beute von oben zu fassen. Bei anderer Gelegenheit rettet sich ein Furchtsamer vor dem grimmen Eber auf den nächsten Baum. Und dort geht der Lerchenjäger behutsam hinter der Schnitterin her, den Falken auf der Faust, während sein Hund eben einen Vogel aufgejagt hat, dem er nachschaut. Ebenso sind die immer neuen Scenen der Liebe mit hundert kleinen Realien ausgestattet. Der Baum, unter dem die Liebenden ihr Glück geniessen, ist von Vögeln belebt. Bei der Waldesrast mahnen die ungeduldig scharrenden Rosse zum Aufbruch. Die Dame, die dem „Rost Kilchherre ze Sarne" ein Haarbüschel abschneidet, hat den Webstuhl neben sich. Zum Bade des Herrn von Wart wird hier das Feuer unter dem Kessel angeblasen, dort ein Kränzlein gereicht. Und neben dem Arzt, der den Herrn von Sachsendorf verbindet, fehlt nicht der Gehilfe mit einem stärkenden Trank.

Angesichts dieser Züge schrieb Springer: man kann dem Zeichner „das Lob eines mit reicher Phantasie und frischem Lebenssinne begabten Mannes nicht absprechen. Dieser lebendige Zug, dieses genremässige Auffassen der Ereignisse trifft bei der überwiegenden Mehrzahl der Miniaturen zu."

Wir schliessen dem an: dieselben Züge sind es auch, die ihn den Künstlern der kommenden Zeit äusserst nahe rücken.

DRITTES KAPITEL.

Um einen Ueberblick über die hauptsächlichen Fortschritte zu gewinnen, welche die Buchillustration in der zweiten Hälfte des 14. Jahrhunderts nach der Seite des Realismus hin machte, schränken wir unsere Betrachtung auf die oberdeutschen Handschriften ein. Solche sind aus dem genannten Zeitraum zahlreich genug vorhanden, leider aber nur sehr spärlich und immer nur probeweise veröffentlicht. Doch wird man in jeder einzelnen der hierhergehörigen Hss. bestätigt finden, was im Folgenden über das weitere Eindringen realistischer Neigungen gesagt wird. Denn noch verläuft die Entwickelung in ganz Oberdeutschland im allgemeinen einheitlich. So sind denn wieder nur bei besonders ausgeprägten Beispielen einzelner Züge die Quellen namhaft gemacht. Für alles Weitere verweise ich auf die unten erwähnten Bilderhandschriften,[1] denen freilich noch eine weit grössere Anzahl gar nicht erschlossener an die Seite zu stellen wäre. (Vgl. S. 19, Anm. 2: das dort Gesagte gilt hier erst recht.)

Nehmen wir die Bemerkung über den Irrealismus der Farbe hier wieder auf, so ist festzuhalten, dass von einer der Wirklichkeit entsprechenden Färbung zunächst noch immer keine Rede sein kann.[2] Wir finden überall himmelblaue Pferde, purpurrothe Bäume, gelbes Wasser, blaues Haar ganz wie bisher. Der Gold- oder Teppichgrund war einer solchen irrealen Bemalung eher günstig.

Sodann: auch der Bodenstreifen bleibt vorläufig herrschend. Nur wird er mehr und mehr durch Vegetation, bunte Blumen in allerlei Farben belebt. Aber bald, schon in den 80er Jahren, beginnen deutliche Versuche, ihn zu vertiefen.[3] Und es dauert nicht lange, so haben wir schon vereinzelte ganz glückliche Schilderungen auf ausgedehntem Schauplatz zu verzeichnen. Ich kann mir nicht versagen, auf eine der anziehendsten hier hinzuweisen.

Es ist das Bild der Geburt Jesu im Rudolf v. Ems in München (cgm 5, fol. 192). Wir sehen links unten einen Felsen von der Form des z. B. in der byzantinischen Kunst als Lager der Maria gebräuchlichen Polsters. Die Vorderseite des Felsens bildet, wie in dieser Zeit gewöhnlich, eine regelmässige Folge von

---

[1] Für diesen Zeitraum ist noch weniger veröffentlicht. Ausser der schon genannten Abhandlung von Heider im Jb. der K. K. C. K. V 1861 kommen in Betracht die zahlreichen (aber nicht stilgetreuen) Abbildungen bei Schultz (Höfisches Leben, und vor allem: Deutsches Leben im XIV. und XV. Jahrhundert). Anderes findet sich in Könneckes Bilderatlas, in Essenweins kulturgesch. Bilderatlas, und überall zerstreut in palaeographischen Werken und Handbüchern. Die hier versuchte Uebersicht beruht selbstverständlich nicht auf diesen ganz unzureichenden Abbildungen, sondern geht auf eine grosse Zahl Hss., bes. der Weltchronik Rudolfs v. Ems, zurück.

[2] Lamprechts Annahme einer realen Farbengebung für diese und noch frühere Zeit (Deutsche Gesch. III, 241) trifft wenigstens bei den Bilderhss., die ich gesehen habe, nicht zu.

[3] Schultz, Deutsches Leben Tfl. X, 3.

Vorsprüngen und Hohlkehlen. Oben ist er mit einer Strohmatte bedeckt. Auf ihr liegt Maria. Der einzige Schutz zu ihren Häupten ist ein grosses Wagenrad auf einer Stange, mit Stroh gedeckt. Rechts, zu Füssen der Mutter, Joseph, in sichtlich starker Erregung. Hinter Maria, etwas höher, auf dem blumenreichen Grasboden in geflochtener Krippe das Kind, das lebhaft ein Händchen nach Maria ausstreckt. Sie erwiedert diese Bewegung. Rechts und links hinter der Krippe die Thiere. Der Vordergrund ist durch einen Zug Felsen in Stalaktitenform nach oben abgeschlossen. Dahinter steigt steil eine weite Landschaft auf: Felsen, ein Bach, eine Brücke darüber, Bäume, Gebäude. Das Ganze belebt mit Hirten, welche vom Engel die frohe Botschaft erhalten, und mit ihrer Heerde: Schafen, Ziegen, Schweinen. Und alles voll Leben: so sehen wir zwei Böcke im heftigen Kampf mit einander u. s. f.

Das Bedeutsame an dieser glücklichen, fein ausgeführten Darstellung ist, dass hier zum ersten Male der Versuch gemacht wird, einen Hauptvorgang mit weiter entfernten Nebenvorgängen auf einem Stück Erde vereinigt darzustellen, verschiedene Pläne zu einem auch äusserlich zusammenhängenden Bilde zu verschmelzen. Dass dabei der Augenpunkt noch viel zu hoch angenommen wird, dass die ganze Landschaft sich mehr in die Höhe zieht, statt in die Tiefe, darf bei einem solchen ersten Versuche nicht befremden.

Es ist sehr bezeichnend, dass trotz dieses und ähnlicher Anläufe in anderen Hss. der Schritt zu einer realen Landschaft nicht gethan wurde. Bäume und Felsen und allermeist auch der Bodenstreifen blieben die alten. Das grundsätzliche Verhältniss des Illustrators zur Welt hatte sich noch nicht geändert.

Die Baulichkeiten werden hie und da etwas grösser gezeichnet. Doch ist auch das schönste Haus noch immer nicht viel grösser als ein Mensch. Dagegen können wir in der Zeichnung der Innenräume einen Fortschritt bemerken. Der Bogen, der bisher im besten Falle Dach und zwei Stützen aufwies, wird zu einem wirklichen Raum: Hinterwand und Seitenwände werden ausgeführt, die beiden Pfeiler oder Säulen, welche den Bogen trugen, werden zu verstärkten Stirnpfeilern der Seitenwände. Neben dieser Form taucht aber, bald noch weit üblicher, eine neue auf. Ein kapellenartiges Gebäude, von Grundriss ein Achteck, dessen drei vordere Wände fehlen, mitunter wenigstens durch zwei schlanke Säulchen an den Ecken ersetzt sind. Die Decke ist meist ein Hängegewölbe. Gemeinsame Eigenthümlichkeit dieser und ähnlicher Innenräume ist, dass sie nie einen idealen Querschnitt durch einen Raum darstellen, sondern stets zunächst ein Gebäude von aussen, mit Zinnen gekrönt, von Thürmchen flankirt, in einem Bogen nach vorn geöffnet. Vor 1400 kenne ich keine Darstellung eines Innenraumes, die auf die Aussenansicht völlig verzichtete.

Für die alle Schilderung von Baulichkeiten bestimmende Anschauung ist eine Darstellung in der Toggenburg-Bibel[1] äusserst bezeichnend. Es gilt, die Ermordung des Königs Hemor und seines Sohnes Sichem durch Jakobs Söhne vorzuführen (Gen. 34). Der Mord geschieht bei Nacht, die Ueberfallenen sind also im Innern ihres Hauses in den Betten zu suchen. Da wird nun ein grosses zweistöckiges Gebäude gezeichnet, das sich nach vorn in Arkaden öffnet. Durch diese sehen wir über einander in den beiden Stockwerken, wie hier der Alte, dort der Junge auf seinem Lager erschlagen wird. Es leuchtet ein, der Künstler will uns nicht zu idealen Zuschauern der Geschichte machen dort, wo sie sich zugetragen. Sondern er stellt auf einem Blatt alles dar, was der Text verlangt: das Haus, die beiden Heviter in ihren Betten, die Mörder u. s. f. Wir können nicht tadeln, müssen vielmehr bewundern, wie klar und einheitlich durch die Einführung eines zweistöckigen, vorn in Arkaden geöffneten Hauses die ganze Composition geworden ist.

Was die Menschen in den Hss. dieser Zeit angeht, so ist zunächst zu bemerken, dass die Abstreifung der alten Typen seit der Mitte des Jahrhunderts energisch durchgeführt wird. Auch der Formenkanon ist ein anderer. Die moderne Tracht der achtziger Jahre gewährt den Körpern wenigstens eine gewisse Schulternbreite, wenn auch die alte Hüftenlosigkeit bleibt. Ebenso kommen im

---

[1] Sog. Toggenburg-Bibel, eine Weltchronik der Recension Rudolfs v. Ems (Anfang: Richter got here uber craft Vogte himelscher herschaft) im Berliner Kupferstich-Kabinett.
Die Hs. ist 1411 vom Kaplan Dietrich in Lichtensteig (Kanton St. Gallen) für den Grafen Friedrich v. Toggenburg geschrieben. Vgl. Ib. d. K. Pr. Kunst-Sammlungen XI, 1890, S. 59 mit Lichtdrucktafel.

Gefolge der Tracht eine Zeit lang äusserst schmächtige Füsse auf. Im ganzen aber werden gegen 1400 die Körper kräftiger, schliesslich untersetzt und gedrungen. Nackte Körper weisen volle Formen auf. Die Muskelzeichnung wird immer eingehender. Das Gesicht bekommt Leben. Das Haar fällt in freien Wellenlinien herab oder legt sich straff an. Die kindlich geschwungene Nasenform verschwindet ganz, eine kräftigere tritt an ihre Stelle, welche mannigfach abgewandelt wird. Die individuellen Gesichter mehren sich. Damit wächst auch die Zahl der charakteristisch unterschiedenen Typen. Diese sind nicht mehr nur aufs Vollprofil beschränkt, sondern ergreifen die Gesichter in allen Stellungen. Denn auch der Bedarf ist viel grösser. Nicht nur hohes und niedriges oder schlechtes Volk, Jugend und Alter werden unterschieden wie ehedem, sondern immer feiner wird die Charakteristik, sie ergreift alle Kreise. So weichen denn auch die ganz unmöglichen Caricaturen allmälig lebenswahren Bildungen. Mit allen zu Gebote stehenden Mitteln wird nach Verschiedenheit der Köpfe, der Gestalten gestrebt. Für die Gewaltsamkeit, mit der man bisweilen zu diesem Zweck verfuhr, dienen die Brustbilder der Propheten zum Beweis, die je zu vieren das Mittelbild der Armenbibel oder der Concordantia Caritatis umgeben: der Zeichner sucht durch verschiedene Behandlung des Haares, des Barts, der Nase Abwechslung zu schaffen. Da alles dies aber nicht genügt, zeigt er uns die Köpfe bald in vollem Profil, bald in Dreiviertelprofil, bald ganz von vorn, bald von hinten den Kopf hintenübergebogen, den Blick aufwärts gerichtet, so dass wir das Gesicht in starker perspectivischer Verkürzung von der Stirn nach dem Kinn zu sehen!

Die Haltung verliert den ausgeschwungenen gothischen Charakter. Die Stellungen bleiben nicht mehr auf zwei bis drei beschränkt, vielmehr kommt eine ganze Fülle neuer auf: so Seitstellung beider Füsse nach einer Richtung, so dass sie mit an einander geschlossenen Absätzen einen spitzen Winkel bilden, u. s. f. Ebenso ist die Fähigkeit merklich gewachsen, für jeden Vorgang die entsprechende Bewegung glücklich wiederzugeben. Selbst kühne Bewegungen gelingen recht wohl: sitzende, kniende, liegende Personen werden lebenswahr wiedergegeben. Aber wir finden auch rücklings vom Pferde stürzende Krieger, in voller Vordersicht sitzend schlafende Wächter, welche auf die emporgezogenen

Kniee beide Arme und darauf den Kopf gestützt haben, mit eingeknickten Knieen Lasten tragende Arbeiter u. s. f. Freilich begegnen wir auch — in denselben Hss. — ganz verunglückten Gestalten, gründet sich doch jener Fortschritt nicht auf die systematische Kenntniss der menschlichen Gestalt, sondern stets nur auf einen zufällig beobachteten, treu im Gedächtniss bewahrten Einzelfall.

Wir haben oben gesehen, dass ein gewisses Gefühl für die Nothwendigkeit der Raumvertiefung wohl bemerkbar ist. Dies Gefühl äussert sich auch in der Composition. Die Anordnung nach der Breite weicht allmälig der Anordnung nach der Tiefe. Man vergleiche die Kampfbilder in älteren und jüngeren Hss. Sonst zwei schematisch gegen einander anreitende Schaaren, jetzt wirres Schlachtgewühl, das sehr bald zu lockeren, lebendigen Compositionen führt, welche Mann und Ross von vorn und von hinten hübsch verkürzt zeigen.

Dass die grössere Freiheit in der Wiedergabe der Bewegung, in der Anordnung der Gruppe auch der Lebendigkeit der Handlung zu gute kommt, ist selbstverständlich. Aber noch immer vermittelt die Handbewegung und die ganze Haltung der Person zum grösseren Theile den Ausdruck geistiger Beziehungen. Nur spärlich findet sich der Versuch, innere Vorgänge im Gesicht wiederzuspiegeln.

Was die Schilderung von Tracht und Geräth anlangt, so konnte man bezüglich der ersteren nicht realistischer werden, als man war. Auch jetzt sind die Bilderhandschriften die getreueste Quelle der Trachtenkunde. Ein Fortschritt läge nur etwa darin, dass etwas seltener als zuvor Erzväter und Propheten eine ideale Gewandung erhalten. Doch bleibt das die Regel.

Wichtiger ist, dass sich jetzt leise jener Umschwung ankündigt, der vom weichen Wurf der Gewänder allmälig zu der geometrisch scharf gebrochenen Faltengebung führte, welche das 15. Jahrhundert kennzeichnet. Zunächst werden die unten aufstossenden Gewandendungen eckig gebrochen,[1] dann tritt auch die scharfe Brechung der Falten über dem gebeugten Knie auf

---

[1] Ueber den muthmasslichen Grund dieser Wandlung s. u. S. 84.

An der Darstellung des Beiwerks ist jetzt vor allem eine genauere Stoffbezeichnung zu rühmen: Holz wird gemasert, Steinmauern werden durch die Gliederung in Rustikaquadern belebt, Metall wird durch treffende Farben kenntlich gemacht. Ueberhaupt ist auf diesem Gebiet nun wirklich ein genauerer Realismus der Farbe festzustellen: die Farbe wird gegen 1400 wesentliches Mittel der Stoffbezeichnung zunächst hier am Geräth.[1] Aber auch die Zeichnung dieses Beiwerks wird immer ausführlicher. Man sucht nach Gelegenheit, sich in Nebendingen zu ergehen und bringt sie überall mit wohl bemerkbarer Vorliebe an: die grosse gothische Truhe, den Vogelkäfig am Hacken, den Ziehbrunnen mit Holzgerüst und Rad, den Räderpflug mit zwei Pflugscharen. Auch auf die Thiere erstreckt sich diese Neigung zur Darstellung des Gegenständlichen: Hunde, Affen, Eichhörnchen, Igel, vor allem prächtige Rinder werden uns vorgeführt.

Wir werden darnach nicht verwunderlich finden, die Scene überall, auch in den Bibelhandschriften, durch genreartige Züge selbständig erweitert zu sehen: da zerrt beim Zug durch die Wüste ein Kind sein Ziegenböcklein mit sich, da werden die Wachteln am Spiess gebraten, da muss der kahle, geblendete Simson den Philistern karren, da hält ein von der Biene gestochener Aegypter die geschwollene Backe, da zieht ein munterer Jagdzug aus: die Damen zu Ross, die Jäger zu Fuss unter fröhlichem Hörnerklang, die Hunde an der Leine. Und im Himmel musiciren Engelein mit Geige und Harfe.

Wenn wir jetzt zurückblicken, so müssen wir gestehen, alle diese hier aufgeführten Fortschritte hatte schon die Man. Hs. wenigstens im Keime uns gezeigt. Es ist auch nicht ein grundsätzlicher Schritt über die alte Anschauung vom Zweck der Buchillustration hinaus gethan. Auch die besten obd. Hss-Bilder vor 1400 lassen die Kunst des 15. Jahrhunderts noch nicht ahnen. Denn noch immer gilt es zuerst und fast ausschliesslich, das Wort durch ein Bild zu erläutern. Dieser Zweck bestimmt die Mittel: nur so viel wird gegeben, als zur Verdeutlichung des Stoffs dien-

---

[1] Dagegen halten sich die blaugefleckten Pferde noch länger. Es entspricht völlig der oben S. 38 angedeuteten Ansicht, dass gerade für das Geräth die Farbengebung zuerst real wird.

lich und nothwendig ist. Und nur so wird es gegeben, dass der Betrachter an den Verlauf des Hergangs in allen Einzelheiten erinnert und zur eigenen Nachdichtung angeregt wird. Illusion jedoch soll die Darstellung keineswegs erwecken. Nicht ein täuschendgetreues Spiegelbild der Geschichte, so wie sie sich zugetragen, soll sie sein.

Allerlei ganz bestimmte Anzeichen liessen uns aber auch erkennen, dass eine Fortentwickelung auf der alten Grundlage bald nicht mehr möglich war: immer kräftiger machte sich die Freude an der Schilderung der Dinge um ihrer selbst willen geltend. Das ist der Sinn, der zur Auflösung der Grundlagen selbst führen musste, es ist der Realismus der neuen Zeit.

VIERTES KAPITEL.

Um 1450 bietet uns die Buchillustration ein völlig neues Bild.[1]

Jetzt wird jeder Vorgang ganz so dargestellt, wie ihn ein idealer Theilnehmer allein sehen könnte.

Von der Erdoberfläche wird nicht nur so viel gegeben, als für den gezeichneten Hergang selbst unumgänglich nothwendig ist, sondern so viel, als ein Betrachter der wirklichen Scene von einem Punkt in der Nähe aus hätte überschauen können. Die alten Symbole für Bäume, Felsen, Wasser machen getreuen Abbildern der Natur Platz. Städte werden nicht mehr abgekürzt, sondern von Hügeln, oder vom Bildrand verdeckt, abschnittweise und stets in den Mittel- oder Hintergrund gerückt, gegeben. Vorgänge vor einzelnen Häusern spielen sich folgerichtig in der Strassenzeile ab. Oder es wird das betreffende Haus so nahe gestellt, dass es gar nicht ganz aufs Bild geht, sondern zur obern Hälfte vom Rand abgeschnitten wird. Und das Innere eines Hauses: Stube oder Kammer, Saal oder Gefängniss wird im idealen

---

[1] Ich spreche im Folgenden von dem guten Durchschnitt der Werke, nicht von rohen Dilettantenarbeiten und nicht von den Erzeugnissen ganzer zurückgebliebener Werkstätten.

Querschnitt vorgeführt. Durch das offene Fenster aber blicken wir hinaus in die lachende Landschaft.

Die Wandlung estreckt sich auch auf die Person: bildnissartige Lebendigkeit des individuellen Kopfes [1] wird dem einzelnen, völlige Lockerung der Gruppe zu theil: das Uebereinandertreten hört ganz auf. Die Menschen rücken mehr in die Tiefe der Landschaft, sie werden ihr als nicht mehr ausschliesslich berechtigter Bestandtheil eingeordnet. Ja die Landschaft gewinnt selbständigen Charakter. Bis zu fernen blauen Hügeln und Bergketten schweift der Blick über Seen, Städte und Auen. Und über dem freundlichen Bild wölbt sich der blaue Himmel, duftig verblassend gegen den Horizont.

Es ist eine alles umfassende, weitgehende Umgestaltung. Vordem Symbol, jetzt Abbild, vordem Bildersprache, jetzt täuschender Schein.

Ein solcher Wechsel vollzieht sich natürlich nicht auf einen Schlag. Immerhin ist erstaunlich, wie rasch das Neue durchdringt. Seit etwa 1410 begegnen deutliche Anzeichen einer veränderten Grundanschauung. Und 1450 ist bereits der Umschwung vollendet. Selbstverständlich sind perspectivische Mängel im einzelnen noch überaus zahlreich, werden überhaupt das ganze 15. Jahrhundert hindurch nie ganz überwunden. Aber sie haben doch nichts zu thun mit jenen scheinbaren Unvollkommenheiten, die aus ganz anderer Wurzel, als aus mangelhafter Schulung des Auges entsprangen.

Nun erhebt sich die gewichtige Frage: woher stammt die Neuerung?

Wir brauchen uns nicht mehr mit der Antwort aufzuhalten, die man vordem sofort auf unsere Frage gegeben hätte. Dass die Gebrüder van Eyck den modernen Realismus „entdeckt" haben, wird im Ernst nicht mehr behauptet. Ein grundsätzlich verändertes Verhältniss zur Welt wird von niemandem entdeckt. Und dass jene Meister diesem veränderten Verhältniss zuerst Ausdruck im Bilde verliehen, können wir auch nicht mehr sagen, seit wir die Miniaturen französischer und burgundischer Hss. vor 1400 kennen.

---

[1] D. h. es werden nicht mehr nur Typen des Alters und der Stände, sondern jeder Kopf von jedem anderen unterschieden.

Aber sollten etwa diese letzteren den Samen nach Deutschland getragen haben, der dort auf wohl vorbereiteten Boden fiel? das ist eine Frage, die noch nie ernstlich untersucht worden ist. Auch hier kann eine endgültige Antwort nicht gegeben werden: Die vorliegende Untersuchung durfte ohne Nachtheil davon absehen. Die blosse Möglichkeit, dass eine erste Anregung zur Schilderung der Natur, wie man sie sah, von burgundisch-französischen Hss. ausgegangen sein könne, wird niemand bestreiten. Einmal hatte die Buchmalerei im Westen schon seit 1380 etwa die Bahn betreten, die wir hier schildern. Und dann lehren die überaus zahlreich in allen grösseren und kleineren deutschen Bibliotheken vorhandenen livres d'heures, dass wirklich Werke französischer und flandrischer Kunst nicht spärlich herüberkamen. Es wäre demnach eine genaue Vergleichung der ältesten dieser Hss. mit unseren deutschen Bilderhandschriften bis 1450 vorzunehmen: bei der Ueberfülle des Materials wahrhaftig keine kleine Arbeit.

Ich darf demnach hier nur (mit allem Vorbehalt) aussprechen, dass ich eine engere Verwandtschaft nicht bemerkt habe. Das einzige, was ich allenfalls für eine Bekanntschaft mit französischen Hss. in Oberdeutschland anführen könnte, wäre dies: sowohl in den sicher französisch beeinflussten Hss. König Wenzels, als in bayrischen und elsässischen Werken begegnen nicht selten Elemente der Decoration, die unverkennbar zuletzt auf gleiche Vorbilder zurückweisen. Es sind die dicken phantastischen Knospen, Blumenkelche, Zapfen u. s. f., die schliesslich auch in die graphischen Künste übergegangen sind. Der Erasmusmeister hat sie in einzelnen Ornamentstichen verwerthet,[1] und in den Randleisten unserer älteren Drucke [2] spielen sie eine grosse Rolle. Eben die weite Verbreitung [3] macht wahrscheinlich, dass sie schon länger

---

[1] W. Schmidt, die Incunabeln des Kupferstichs im Kgl. Kabinett zu München Nr. 24 und 25 (Tafel IX).
[2] Beispiele s. bei Muther, Buchillustration. In Lempertz Bilderheften zur Geschichte des Buchhandels 1857 IV A und 1858 IV A. In Holzschnitte des XIV. und XV. Jahrhunderts im Germ. Museum Nr. 86 und 97 u. s. f.
[3] Sie finden sich gleichzeitig in den Hss. König Wenzels [s. Schlosser, Bilderhss. König Wenzels I (Sonderabdruck aus dem Jahrbuch der K.-S. des allerh. Kaiserh.)] und im palat 329 (s. Könnecke,

zum allgemeinen Gut der Decoration gehörten. Woher stammen sie? Da ich sie zuerst, wie gesagt, in den Wenzel-Hss. gefunden habe, so glaube ich, dass sie am letzten Ende auf französische Vorbilder zurückgehen. Höchst fraglich bleibt, ob dies überall da, wo sie auftreten, wieder direct der Fall ist, oder ob sie schon seit 1400 deutsches Eigenthum sind. Viel Werth möchte ich auf diese ganze Beobachtung keinesfalls legen. [1]

So muss denn die Frage nach dem Ursprung des Realismus in der Buchillustration hier dahin gestellt bleiben. Ich begnüge mich damit, einen Ueberblick über deren weiteren Verlauf zu geben, soweit ich dies auf Grund einiger Hss. thun kann, die mir mehr zufällig bekannt geworden sind, als dass ich darnach gesucht hätte.

Vom Beginn des 15. Jahrhunderts an ist aber auch für eine flüchtige Betrachtung die Scheidung des Materials nach Landschaften nothwendig: Osten und Westen gehen fortan noch in ganz anderem Sinne getrennte Wege, als bisher.

Wir beginnen im bayrisch-österreichischen Sprachgebiet. Ueber die hier bestehende Buchmalerei sind wir noch verhältnissmässig am besten unterrichtet. Die Ursache liegt darin, dass vielleicht mehr Zufall als Verdienst schon früh die Aufmerksamkeit der Forscher auf einen Buchmaler der Stadt Regensburg gelenkt hat, der seinerseits dann wieder zur Untersuchung der Quellen seiner Kunst anregte: Perchtold Furtmeyr.

B. Händcke[2] hat diesem Manne eine Studie gewidmet und dabei gegen manche veraltete Anschauung glücklich Front gemacht. Hier wie so oft hatte man das Bedürfniss empfunden, den Künstler in Zusammenhang mit möglichst klangvollen Namen

---

S. 53). Weiter 1462 im cod. lat. monac. 39 aus Weihenstephan (vgl. Silvestre, paléogr. univ. IV 108.), 1458 in einer Regensburger Bibel s. S. 52, 1459 in einer Hagenauer Weltchronik s. S. 70, also gleichzeitig im Osten und Westen. Vgl. auch Tymms-Wyatt, art of illuminating, London 1860, angebl. nach Hss. des XIV. Jahrh. Nr. 11. 14. 16. und XV, 2.

[1] Auch Neuwirth, Studien zur Geschichte der Miniaturmalerei in Oesterreich (S. B. der K. K. Academie der Wissenschaften. Philos.-hist. Klasse 113, S. 172 f. Wien 1886) schlägt den französischen Einfluss auf die Hss.-Decoration in St. Florian sehr gering an.

[2] B. Händcke, B. Furtmeyr. München 1885. Münchener Inaugural-Dissertation.

zu bringen. Bald sollten die Eycks, bald Herlin oder Wohlgemuth ihn „beeinflusst" haben. Händcke hat sicher recht, mit alledem aufzuräumen. Ob freilich „der wohlthätige Einfluss der Niederlande," den Weingärtner[1] bei Furtmeyr fand, durch die Worte Waagens, welche Händcke „zur Abweisung" citirt,[2] völlig widerlegt ist, bleibt mir fraglich. Und ebenso scheint mir eher Weingärtner im Recht, wenn er[3] die auffallende Uebereinstimmung einer Reihe Bilder (zum Hohen Lied) in Furtmeyrs Altem Testament mit einem gleichzeitigen Holzschnittwerke aus der Benutzung ähnlicher Miniaturvorlagen bei beiden ableitet, als Händcke, der eine directe Copie der Holzschnitte durch Furtmeyr annimmt.[4]

Immerhin, es bleibt Händckes Verdienst, nachgewiesen zu haben, dass vor allem die Landschaft, die Furtmeyr so reich ausgestaltet hat, schon seit 1414 an der Donau gepflegt wird, dass seit dieser Zeit (welche eine Hs. des Klosters Metten aufhellt) eine ununterbrochene Kette von Buchillustrationen die zunehmende erfolgreiche Betonung des landschaftlichen Elements in der Buchmalerei bis auf Furtmeyr erkennen lässt. Zu bedauern bleibt dabei nur, dass Händcke seine Untersuchung nicht auf noch breitere Grundlagen gestellt hat. Weiteres Material hätte sich ohne Schwierigkeit geboten. So ist mir eine Münchener Hs. bekannt geworden (cgm 502 und 503), welche unterzeichnet ist: Explicit totum Corpus Biblie Per me Georgium Rorer de ratispona filius Equestris summi Ecclesie ratisponensis. Sub Anno domini millesimo quadringentesimo sexagesimo tercio Sexta feria Ante letare.

Diese mit Bildern reich geschmückte Hs. ist also von demselben Schreiber, der sich am Ende des zweiten Bandes von Furtmeyrs Altem Testament in Maihingen so eingetragen hat:[5] Explicit vetus testamentum per Georgius Rorer de Ratispona.

Sollten nun die Bilder der zweibändigen Münchener Bibel von Furtmeyr selbst sein, was ich nicht prüfen konnte, so hätten

---

[1] Mittheilungen der K. K. C. K. VI, 1861, S. 249.
[2] Händcke, B. Furtmeyr S. 36.
[3] Mittheilungen ebenda.
[4] Händcke, B. Furtmeyr S. 41 ff.
[5] s. Mittheilungen der K. K. C. K. VI, S. 250. Bei Händcke a. a. O. ist entstellenderweise gerade das »Rorer« ausgefallen.

wir damit sein, soweit bisher bekannt, frühestes Werk: 1463. Sind sie nicht von seiner Hand, so lässt die Hs. mit ziemlicher Sicherheit in Regensburg eine blühende Buchmalerwerkstatt vermuthen, der beide Zeichner angehörten. Jedenfalls verdient die Münchener Bibel bei einer künftigen Erörterung der Thätigkeit Furtmeyrs alle Beachtung.

Gleichfalls in diesen Kreis dürfte die schöne Hamburger Bibel gehören (Merzdorf, deutsche Historienbibeln des Mittelalters S. 54), die im Jahr 1458,[1] wohl ebenfalls in Regensburg, geschrieben wurde. Der Dialect verweist sie dahin, ausserdem würde ein Wappen (vor dem dritten Königsbuch und öfter) nähern Aufschluss geben. Die ganz handwerklichen Bilder theilen alle Eigenheiten mit denen der Münchener Bibel.

Wenn diese Werke sämmtlich nach Regensburg gehören, so mögen nun einige datirte Bilderhandschriften aus andern Orten dieser Gegenden zur Ergänzung genannt werden, bevor wir aus ihnen allen einige Schlüsse ziehen.

1430 ist ein Cyrill geschrieben, der sich jetzt in München befindet (cgm 254).

1445 ein Kalendarium aus Passau, jetzt in Kassel.[2]

1455 eine Hs. in Dresden (Kgl. Bibliothek M. 59).

1456 ein Schachzabel, heute in München (cgm 243).

1457 ein Cyrill ebenda (cgm 340).

1471 eine Sammelhandschrift, ebenda (cgm 522).

1475 ein Heiligenleben, ebenda (cgm 504), vielleicht aus Freising.

---

[1] Ich sehe durchaus keinen Grund, mit Merzdorf an der Beweiskraft des Datums zu zweifeln. Es findet sich auf einem Papierblatt, das auf die Innenseite des vorderen, modernen Einbanddeckels aufgeklebt ist, und lautet: Anno domini m° cccc° und im achtundfunfczkisten Jare das ich anhueb zeschreiben. Alle Erwägungen sprechen für die ursprüngliche Zugehörigkeit dieses Blattes zur Hs.: erstens stehen unter dem genannten Datum Federproben von der Hand des Schreibers der Bibel. Sodann ist die Schrift des Datums selbst keineswegs eine ganz andere als die des Bibeltextes, vielmehr durchaus dieselbe, wie in den rothen Aufschriften über den Abschnitten, welche von den Propheten handeln, und in der Schlussübersicht über die fünf Weltalter. Und endlich: wie sollte diese Eintragung hierher kommen? Aelter kann d. Hs. nicht wohl sein.

[2] Vgl. Schultz, Deutsches Leben Figg. 347—350.

Was alle diese Hss. gleichmässig auszeichnet, das ist die
Beherrschung der Landschaft, die sich in ihnen zu erkennen gibt.
Und zwar finde ich einen bemerkenswerthen Zug gleich Händcke
darin, dass oft recht deutlich der Mensch hinter der Landschaft
zurücktritt, ja ihr gegenüber zur Nebensache gemacht wird. Er
ist nicht mehr alleiniger Zweck der Schilderung: die Landschaft
erhält ganz selbständige Geltung neben und über ihm. Dies unterscheidet
die Schilderung des Schauplatzes ganz besonders der
Regensburger Buchmalerei von der aller andern Gegenden Oberdeutschlands.

Hierin dürfte denn auch die Verwandtschaft des grossen Regensburger
Tafelmalers Albrecht Altdorfer mit der Buchmalerei
seiner Vaterstadt liegen, die man neuerdings angesprochen hat.[1]
Nicht sowohl technische oder stilistische Eigenheiten theilt der
Künstler mit den Illustratoren, wohl aber das enge Verhältniss
zur Natur, die Unterordnung des Menschen unter die Landschaft.[2]

---

[1] M. Friedländer, Albrecht Altdorfer S. 31 ff. Dazu Frimmel, Repert.
XV, S. 419.

[2] Kämmerer (Die Landschaft in der deutschen Kunst) berücksichtigt
leider diese ganze interessante Landschaftsmalerei im bayr.-österr. Gebiete
gar nicht. So sind Urtheile erklärlich, wie das S. 63 ausgesprochene:
»jenes zarte Naturgefühl, welches die Flandrer auszeichnet,
erschliesst sich den derberen Deutschen erst allmälig«. Wir würden
dies jetzt etwas anders fassen.

Doppelt lebhaft drängt sich aber hier die Frage auf, sollte nicht
wenigstens diese Freude an der Landschaft durch niederländische Miniaturen
angeregt sein? Dass Händckes Behandlung dieses Punkts
nicht genügt, wurde schon oben angedeutet. Aber ein sicheres Urtheil
vermag auch ich nicht zu geben. Soviel ich habe wahrnehmen können,
ist die Entwickelung eine ganze nationale: nicht an einzelnen Orten
ausschliesslich, sondern überall in Oberdeutschland gleichzeitig wird
der alte Bodenstreifen durch ein wirkliches Stück Erde ersetzt. Und
am vollkommensten gerade im Osten, nicht im Westen Deutschlands.
Weiter: wenn das, was Kämmerer über den Unterschied der oberdeutschen
Landschaft von der niederländischen sagt (S. 73 f.), auch auf
die Landschaftschilderung in Miniaturen hier und dort ausgedehnt
werden darf, so ist die Landschaft in der Regensburger Buchmalerei
ganz unabhängig von der nordwestlichen Kunstübung: sie entspricht
völlig dem von Kämmerer als oberdeutsch charakterisirten Schema.

Mit diesem sehr zweifelhaften Schluss müssen wir uns vorläufig
beruhigen. So viel ist aber bis jetzt schon gewiss: ganz unbestreitbar
war der Sinn für landschaftliche Schilderung im Südosten Deutschlands
sehr weit entwickelt. Grundsätzlich hat man hier, ganz gleichzeitig mit

Aber es scheint, dass diese Gegenden, welche seit lange schon [1] der Vertiefung des Raums hauptsächlich ihre Sorgfalt zuwandten, in der Schilderung charakteristischer Menschen nicht eben so weit gelangt sind. Zwar die alte Typik ist völlig abgestreift. Kräftige, untersetzte Gestalten mit ganz lebendigen Köpfen sind durchaus die Regel. Aber schon Waagen hat auch bei Furtmeyr noch „einförmig wiederkehrende Gesichtsbildung" gefunden,[2] und Händcke [3] stimmt dem bei: „seine Menschen sind bei einer mehr oberflächlichen Empfindung stehen geblieben." In der That: die überreiche Fülle porträtartiger Köpfe, welche die schwäbische Buchillustration uns zeigt, suchen wir hier vergeblich. Es ist, als ob die ungemeine Vielgestaltigkeit der äusseren Erscheinungen nicht auf einmal hätte bewältigt werden können.

Setzen wir unsere Wanderung nach Westen fort, so stossen wir an der Grenze Schwabens und Bayerns auf die Stadt Augsburg. Wenn hier bei den grossen Künstlern zu Ausgang des Jahrhunderts die Landschaft entschieden gegenüber der physiognomischen Durchbildung der Menschen zurückbleibt,[4] so offen-

---

dem Nordwesten, überall das Auge der wirklichen Natur gegenüber geöffnet. Dies ist ein Ergebniss, das uns im vollen Umfang nur die Buchmalerei lehrt. Formensprache und Technik mag die mannigfachsten Einwirkungen von dorther erfahren haben: das Verhältniss zur Welt und die Auffassung der Natur als des eigentlichen Gegenstandes bildlicher Schilderung, dies Neue haben sich die Oberdeutschen des 15. Jahrhunderts überall selbst errungen.
Wenn wir mit dieser Anschauung voll Ernst machen, dann wird wohl endlich auch «die grosse Erfindung der Landschaftsmalerei durch die Van Eycks» aus der Geschichte der Kunst schwinden, eine Annahme, die noch recht weit verbreitet ist, wenn man auch nicht allgemein jene «Erfindung» mit Rosenberg vom 18. October 1428 datirt (Anfänge der Deutschen Landschaftsmalerei, Westermanns Monatshefte 46. Bd., 1879, S. 750 ff.).

[1] Vgl. die Bilder im cgm 250 (Enenkels Chronik) vom Anfang des 15. Jahrhunderts (1400—1430). Hier wird, um den Eindruck landschaftlicher Ferne zu erreichen, zwischen Personen und Gebäude gern ein Stück Erde als Zwischenraum eingeschoben. Womöglich schlängelt sich darüber hin von jenen zu diesen ein Weg.

[2] Deutsches Kunstblatt 1854.

[3] B. Furtmeyr S. 39.

[4] Vgl. zu diesem Verhältniss Kämmerer a. O. S. 75 und z. B. auch A. Schmidt, Repert. XIV, S. 229.

bart sich uns jetzt noch in einigen Denkmälern der Buchmalerei genau das Gegentheil. Gründlicher, als in der prächtigen Augsburger Chronik (Meisterlin) vom Jahre 1457 zu Stuttgart (Kgl. Handbibliothek hist. fol. 52. G 17) kann die Menschenwelt einer überraschend weit entwickelten Landschaft nicht untergeordnet werden. Auch die Hss. cgm 206 von 1457 und cgm 568 von 1468/69, beide aus Augsburg, stehen dem Osten näher als dem Westen, soviel ich sehen konnte.

In dem übrigen Schwaben liegt das Hauptinteresse entschieden auf der Darstellung der Person. Nicht, dass man etwa noch den stenographischen Bodenstreifen angewandt hätte. Aber man schliesst den Schauplatz gern durch Hügelreihen ab, verzichtet auf jegliche Ferne und gibt nur Vordergrund. Dagegen leisten die Zeichner schon früh Ausserordentliches in der Darstellung characteristischer Köpfe. Hart und bisweilen carikirt sind sie, aber immer voll Leben und geflissentlich allem idealen Schein abhold. Und noch eins: es scheint, dass sich hier besonders früh das Schattiren durch Strich- und Kreuzlagen einbürgerte. Gerade aus Oberschwaben werden wir völlig holzschnittartig behandelte Zeichnungen kennen lernen.

Man vergleiche für diese Gegenden zunächst die Hss. von Ulrich Richentals Chronik des Konstanzer Concils. Ulrich Richental, ein Konstanzer Bürger und Augenzeuge der Geschehnisse jener grossen Kirchenversammlung, hat sein Tagebuch über ihren äusseren Verlauf und Aufzeichnungen über die Oeconomie des Concils zu einer höchst lebendigen Chronik verarbeitet, die er selbst reichlich mit Bildern versehen liess. Es sind uns 7 Bilder-Hss. des Werks erhalten, deren keine jedoch die Urschrift sein kann. Aber eine genaue Vergleichung der Darstellungen in den verschiedenen Hss. lässt uns den Bilderkreis der Urschrift nach Umfang und Inhalt mit ziemlicher Sicherheit wieder herstellen.[1]

Das Ergebniss ist darum von Werth, weil jene Urschrift, etwa in den Jahren 1420 ff. entstanden, das früheste und bedeutendste Denkmal des neuen Stils in diesen Gegenden ist.

---

[1] Ich gedenke diesen Versuch in einer Abhandlung über die Richental-Handschriften in der Zeitschrift für die Geschichte des Oberrheins zu veröffentlichen.

Zunächst verräth nun der reiche Bilderkreis der Urschrift einen ganz auffallenden Mangel an landschaftlicher Schilderung, obwohl sich mehrfach Gelegenheit zu einer solchen geboten hätte. Das tritt um so bemerkbarer hervor, weil sonst der Schritt zum vollen Realismus der Schilderung mit aller Entschiedenheit gethan ist. Führen uns doch diese Bilder mitten hinein in die Strassen von Konstanz: es werden sogar die einzelnen hervorragenderen Gebäude mit sichtlicher Treue wiedergegeben. Die Kapitelle der Arkadensäulen im Münster, das Holzwerk am Obergeschoss des Kaufhauses, die steinernen Bildsäulen an der Häusern treten uns noch heute in Konstanz so entgegen, wie die Zeichner Ulrich Richentals sie abgebildet.

Und was die Schilderung der Architectur verspricht, das hält die Schilderung der Menschen. Da wird nicht mehr nur der Kaiser und der Papst, Bischof und Hofmann, Büttel und Handwerker, Königin und Bürgersfrau unterschieden. Vielmehr finden wir eine ausserordentlich feine Characteristik aller Nationen und Stände, ja der Individuen. Vergleichen wir nur einmal die Scenen, die sich an den Fleischbänken abspielen, oder die grosse Fronleichnamsprocession oder die Griechenmesse mit ähnlichen Darstellungen des 14. Jahrhunderts. Hier ist nicht nur ein Fortschritt, sondern eine grundsätzliche Wandlung zu verzeichnen. Diese Gestalten sind nicht mehr allein nothwendige Bestandstücke des darzustellenden Stoffes. Sie sind jede einzeln als besondere, schon an und für sich der Schilderung würdige Aufgabe herausgearbeitet. Deshalb ist dieser Bilderkreis für uns von so hohem Werth, weil sichtlich die Aufgabe, Zeitgeschichte im wohlbekannten Rahmen der eigenen Stadt zu schildern, hier dazu geführt hat, die Fesseln der alten Illustrationsweise zu sprengen.

Uebrigens stehen die Richentalhandschriften mit dieser frühen Errungenschaft keineswegs allein. Ich verweise zum Vergleich auf folgende Werke:

Hs. der Fürstl. Fürstenberg'schen Bibliothek in Donaueschingen Nro. 242, Ottos v. Passau XXIV Alte, 1435 von einem Erhard Koch aus Weingarten geschrieben. Das Wichtigste an den Bildern dieser Hs. ist, dass sie schon einen ausgesprochen brüchigen Stil zeigen. Die Gewandfalten sind lang, gerade, scharf gebrochen. Es findet sich die Schraffirung vermittelst Strich- und

Kreuzlagen ganz wie beim Holzschnitt. Landschaft fehlt noch, allerdings bot der Stoff kaum Anlass. Dagegen zeichnen sich die Köpfe durch lebensvolle Individualität aus.

Ebenda Nro. 494: scriptum per hainricum Stegmüller de wisenstaig tunc temporis Informatorem puerorum in Bûchow 1443. Kalender mit hübschen Bildchen in Medaillons. Hier sind wir schon einen Schritt weiter: blauer Himmel spannt sich über wirkliche (wenn auch eng begrenzte) Landschaft. Die Gestalten sind mittelgross und gedrungen. Ihre Bewegungen nicht ungeschickt. Köpfe z. T. sehr characteristisch (vgl. den Arzt mit dem dicken Untergesicht und vorstehenden Backenknochen). Trotz aller — theilweise starken — Anklänge an die Symbole einer vergangenen Kunst ist ein rüstiges Fortschreiten im Neuen unverkennbar.

Die Hs. Nro. 352 der St. Galler Stadtbibliothek enthält wenigstens in der zweiten Hälfte Bilder von ungefähr entsprechendem Character. Da die Konstanzer Kirchweih roth bezeichnet ist, und die Trachten etwa in die erste Hälfte des 15. Jahrhunderts weisen, so dürfen wir sie an dieser Stelle erwähnen und auf einige sehr gut gezeichnete Innenräume aufmerksam machen, die sich in der Geschichte Salomos finden.

Nach dem Dialect gehört auf schwäbischen Boden auch die Hs. Nro. 126 des Königl. Kupferstichkabinetts in Berlin, ein Speculum salvationis. Die Bilder zeigen, dass ein Zeichner der zweiten Hälfte des 15. Jahrhunderts, doch zurückgebliebener Kunst, daran thätig war.

Eine zweite Hs. ebenda steht nicht viel höher: Nro. 99, Trojanerkrieg. Die Unterschrift lautet: Hoc opus expletum est in vigilia assumptionis marie virginis per me Cunradum segenschmid tunc temporis vicarius in haimekülch. Anno m° cccc° Lxiiij.[1]

---

[1] Von demselben Schreiber besitzt die Fürstenberg'sche Bibliothek in Donaueschingen eine weitere Hs., aber ohne Bilder (Nr. 482). Diese ist unterzeichnet: «Disz ist uszgeschriben ... von mir pfaff Cunrat segenschmid der zit mines lieben junckherren marckquartten von schellenberg och wogt zu wolckenberg Caplan 1465» und «Explicit per me Cunradum segenschmid tunc temporis vicarius in Haimekülch capellanus de marquardo de schellenberg 1466». Ueber die hier genannten Orte und Herrschaften des Algäus vergl. Baumann, Gesch. des Algäus.

Die Bilder werden durch Zeichenstil und Farbe etwa in die Nähe der Richentalhandschrift A gewiesen. Aber das Gefühl (von Kenntniss ist gar nicht zu reden) für Perspective ist noch nicht so weit entwickelt, wie dort. Besonders in der Landschaft, die mitunter ziemliche Erweiterung erfährt, begegnen schreiende Missverhältnisse. Auch die Körper der Personen sind nicht frei von solchen: zu grosse Köpfe kommen häufig vor. Dafür sind sie aber auch wieder um so lebendiger.

Noch jünger sind drei oberschwäbische Hss. mit Bildern ganz holzschnittartigen Characters in Heidelberg (palat. germ. 90 und 466) und Wolfenbüttel (Aug. fol. I 11 aus Mindelheim). Sodann Lirers Schwabenchronik in München (cgm 436). Diese vier Hss. stimmen gut zu den Richentalabschriften in Konstanz und Wien.

Endlich lassen sich für Konstanz selbst noch anführen die Werke, welche auf den Ritter Konrad Grünenberg zurückgehen: Sein Wappenbuch in den beiden Hss. zu München (perg., cgm 145) und Berlin (pap., Königl. Heroldsamt), und seine Fahrt nach dem Heil. Land in Hss. zu Karlsruhe (St. Peter 32) und Gotha. Alle diese Hss. sind in den Jahren 1480-90 entstanden und lehren uns, dass auch die Fähigkeit, Landschaften zu schildern mittlerweile in Konstanz eingezogen und weit entwickelt war. Die Bilder der „Reichsdörfer" im Wappenbuch sind hübsche kleine Abbildungen wirklicher Gehöfte und Weiler. Und die See von fernen blauen Bergen eingesäumt zeigt uns die Pilgerreise schier auf jedem Blatt.

Das Wenige, was wir allen diesen Hss. als gemeinschwäbisch entnehmen können, bestätigt nur das Ergebniss der Vergleichung unserer Richentalhandschriften. Offenbar war in der Stadt Konstanz die Entwickelung der Zeichenkunst eine raschere, der übrigen Landschaft um Jahrzehnte voraus. Aber doch wiederholen die Werke der Umgebung, nur etwas abgeschwächt, lediglich die Grundzüge der Konstanzer Kunst: sehr frühe Ausbildung des Gefühls für individuelle Lebendigkeit der Köpfe, dagegen spätere Ausbeutung der Landschaft. Mindestens in Konstanz selbst frühzeitig Sinn und Verständniss für Wiedergabe von Architectur und Innenräumen mit guter Perspective.

Die schon in jener Hs. von 1435 bemerkbare frühe Uebung im Schraffiren mit Strich- und Kreuzlagen, der gebrochene Gewandstil weist auf rege Thätigkeit der zeichnenden Künste,[1] besonders auch für den Holzschnitt hin: eine Beobachtung, die zu den zahlreichen ältesten Ueberresten dieser Kunst gerade aus Oberschwaben sehr wohl stimmt.

Den Stand der Buchmalerei in der Nordwestschweiz klären einige Hss. der Universitätsbibliothek Basel auf. Dazu tritt eine Hs. der XXIV Alten in der Kgl. Bibliothek in Berlin (ms. germ. fol. 19), geschrieben 1448 von einem Johannes maiger de Werdenberg, zum Schluss das Wappen von Basel. Alle diese Bilderwerke zeigen, dass das Interesse am Figürlichen, welches sehr gut gezeichnet wird, das Interesse an der Landschaft überwog.

Ganz dasselbe Verhältniss finden wir mit überraschender Deutlichkeit in den elsässischen Bilderhandschriften ausgeprägt. Zwar die Erzeugnisse der Werkstatt Diebolt Laubers in Hagenau, auf die wir noch weiter zu sprechen kommen, dürfen wir hierfür nicht anführen: sie stehen sämmtlich auf einer höchst zurückgebliebenen Stufe, fast ganz noch auf dem Boden des 14. Jahrhunderts.[2]

Allein ein paar andere Werke, besonders eine schöne Hs. der XXIV Alten in Heidelberg (cod. palat. germ. 322) liefern den Beweis mit aller wünschenswerthen Klarheit. Die Landschaft, die sich auf dem ersten Bilde des eben genannten Buchs hinter den grossen Figuren des Vordergrunds weit in die Tiefe ausdehnt, ist keineswegs Schauplatz für das Thun jener Hauptpersonen. Noch viel weniger werden diese der Landschaft untergeordnet. Sie sind ganz vorn für sich da, und dahinter die Landschaft zwar liebevoll ausgeführt, aber doch eben nur Hintergrund. Schon beim zweiten Bild schwindet dann die Landschaft ganz.

---

[1] S. u. S. 84.
[2] Ueber Diebolt Lauber und seine Werkstatt in Hagenau denke ich im Centralblatt für Bibliothekswesen ausführlicher zu handeln. Auch Art und Kunst der Illustration in den von Lauber vertriebenen Bilder-Hss. soll dort eingehende Berücksichtigung finden.

FÜNFTES KAPITEL.

Nach diesem Ueberblick über die Werke ist es nun Zeit, hren Urhebern unsere Aufmerksamkeit zuzuwenden. Ich verweise für dieses Kapitel auf Wattenbachs[1] noch nicht überholte Darstellung. Was ich sonst gefunden habe, ist in die folgende Uebersicht über die bisherigen Ergebnisse der Forschung eingereiht.

Ich beschränke mich auf die Anfänge bürgerlicher, gewerbsmässiger Buchillustration für die Bedürfnisse weiterer Kreise. Was in Klöstern gearbeitet wurde, bleibt darum ebenso unberücksichtigt, wie die rege Schreibthätigkeit an den Universitäten. Eher wäre noch von den Verdiensten der Brüder vom gemeinsamen Leben zu reden. Aber da sie local beschränkt blieben, können wir auch von ihnen absehen.

Die Buchmaler werden wir in der Nähe der Buchschreiber zu suchen haben. Also zunächst ein Wort über diese. Noch das ganze 14. Jahrhundert hindurch mag die Herstellung eines Buches nur auf Bestellung erfolgt sein. Da liess ein vermögender Herr, sei es des Land- oder Stadtadels, Fürst oder Bürger, durch seinen Kaplan[2] oder den Schulmeister[3] seines Orts, durch den Stadtschreiber oder auch einen gewerbsmässigen Wanderschreiber, was er eben wünschte, abschreiben. Dass auch die letztgenannte Klasse von Schreibern existirte, ist wohl kaum zu bezweifeln: „Johannes de spira heu minimus scriptorum," der 1365 für den Pfalzgrafen Ruprecht schrieb,[4] mag zu ihnen gehört haben, wie Heinz Sentlinger, der im Dienst der Vintler arbeitete.[5]

---

[1] W. Wattenbach, das Schriftwesen im Mittelalter.² Leipzig 1875. Hier kommt besonders S. 401 ff. u. S. 476 ff. in Betracht.

[2] So noch die Toggenburgbibel, die Hss. des Konrad Segenschmid s. o. S. 57 u. Anm. Vgl. Wattenbach S. 402.

[3] Der informator puerorum in Buchow s o. S. 57 hat eine ganze Reihe Schreibkollegen. Denn Laienschulen gab es überall, selbst in ganz kleinen Städten. S. Wattenbach S. 403.

[4] Weltchronik Rudolfs v. Ems in Donaueschingen, s. Barack, Hss. der Fürstlich Fürstenbergischen Bibliothek Nr. 79.

[5] Massmann, Kaiserchronik III, 179 Nr. 34 u. 35. Vgl. Wattenbach S. 407 u. Anm. 6.

Das Pergament war theuer. So wird der gemeine Mann noch selten in Besitz wenn auch nur weniger Blätter gelangt sein.

Das wurde jetzt anders: das Papier kam auf und wurde schon zu Anfang des 15. Jahrhunderts sehr billig. So steigerte sich sofort das Verlangen nach Büchern ungemein. Es mag bald einzelne Schreiber gegeben haben, die vornehmlich oder ausschliesslich von der Feder lebten.[1] In einer grossen Stadt war das auch recht wohl möglich. Hatte der Schreiber keine feste Bestellung, so schrieb er einstweilen auf eigene Rechnung und Gefahr, sicher, dass er einen Abnehmer schon finden werde. Schon früh s. u. hielten solche Schreiber öffentlich feil, und der Absatz wird zu Jahrmarktszeiten kein geringer gewesen sein.

Schlimmer war etwa der Schulmeister eines kleinen Orts daran. Sein Absatzgebiet war nicht umfangreich genug. Und doch konnte er bei einigem Fleiss in kurzer Zeit weitgehende Ansprüche befriedigen, wenn auch ein „explevi in sedecim diebus"[2] immerhin zu den Ausnahmen gehört.

Da mag manch einer auf den Gedanken gekommen sein, gleichfalls auf Vorrath zu schreiben und die Erzeugnisse seiner Hand auf den Jahrmarkt der nächsten Stadt zu bringen. Damit ist der Grund zur Entwickelung des eigentlichen Buchhandels gelegt. Voraussetzung ist, wie Kirchhoff[3] treffend hervorhebt, die Sesshaftigkeit des Schreibers einerseits und die Gewissheit grösseren Absatzes andererseits, sei es innerhalb der eigenen Stadtmauern, sei es über diese hinaus an ein weiteres Publikum.

Anzeichen für diesen Verlauf der Dinge gibt es genug.[4] Nur

---

[1] Vgl. Wattenbach S. 404. Diese Leute sind es wohl, die sich später Kathedrales, Stuhlschreiber, Sesselschreiber oder auch Modisten nannten. S. Wattenbach S. 406 u. Anzgr. f. Kunde d. d. Vorzeit N. F. 25 (1878), 8.

[2] Schlussschrift der genannten Berliner Hs. (ms. germ. fol. 19) aus Basel. Vgl. Wattenbach S. 240.

[3] Zur Geschichte des deutschen Buchhandels im M. A. sind die drei Schriften Kirchhoffs von Bedeutung:
Beiträge zur Geschichte des deutschen Buchhandels I. Leipzig 1851.
Hss.-Händler des Mittelalters. Leipzig 1853.
Weitere Beiträge zur Gesch. des Hss.-Handels. Halle 1855.
Dazu kommt jetzt noch Kapp, Geschichte des deutschen Buchhandels. Leipzig 1886.

[4] Vgl. vor allem Wattenbach S. 476.

erwähnen will ich den Herforder Magister, der schon um 1380 Bücher schrieb und durch andere schreiben liess, welche ein Student für ihn unter seinen socii verkaufte.[1] Wichtiger, weil aus der ungelehrten Welt, ist uns die ergötzliche Geschichte, welche Kraus mitgetheilt hat.[2] Da lernen wir zum Jahr 1408 einen „schriber Peter von Haselo" kennen, „der die bûcher verkauft uf den greden ze unser frowen münster" in Strassburg. Und dieser Mann sucht bereits auch Bücher zu verkaufen, die er nicht selbst geschrieben, im gegebenen Falle zwei gestohlene Exemplare. Aus Bürgerlisten u. dgl. ist um 1430 eine ganze Reihe Schreiber von Gewerb, darunter verheirathete, in Strassburg nachweisbar.[3] 1447 und 1451 werden auf den Jahrmärkten von Nördlingen Bücher verkauft.[4] Ja 1482 wird bezüglich derjenigen, „so uff den greten des benanten Münsters (in Strassburg) bisher hant gepflegen büchere feyle zu haben und zu verkauffen" ausdrücklich gesagt:[5] „So ist es ouch nit ein fremde oder nuwe furnemen, sonder an andern enden uff vil stifften Auch gewonlich, das man an sollichen steten vor den greten und kirchthüren buchere feyle hatt Und die an den enden weyss zu finden."

Endlich begegnet uns ein rühriger Schulmeister-Schreiber, der den Handschriftenhandel ins Grosse trieb. Er empfahl nicht nur in Briefen an vornehme Herren seine Erzeugnisse, sondern gab diesen selbst theilweise Uebersichten mit über alle die schönen Bücher, die noch bei ihm zu haben: „Item welicher hande bûcher man gerne hat grosz oder klein geistlich oder weltlich hübsch gemolt die findet man alle by diebolt louber schriber in der bürge zü hagenow" u. s. w. Dieser Diebolt Lauber in Hagenau[6] muss also die Hss.-Fabrikation im grössten Maassstab betrieben haben. Einmal hat er nicht weniger als 39 mit dem Titel genannte Bücher „und sust andere" auf Lager.

---

[1] Centralblatt f. Bibliothekswesen IX. S. 262 (1892).
[2] Archiv f. Gesch. des deutschen Buchhandels II, S. 235.
[3] Schmidt, zur Gesch. der ältesten Bibliotheken etc. in Strassburg S. 41 u. Archiv f. Gesch. d. d. Buchhandels V, S. 5.
[4] Beyschlag, Versuch einer Kunstgesch. der Stadt Nördlingen I, 13 ff.
[5] Archiv f. Gesch. d. d. Buchhandels II, S. 236
[6] Vgl. Wattenbach S. 478 ff. und die dort verzeichnete Litteratur. S. o. S. 59 Anm. 2.

Es ist klar, dass ein in dieser Weise entwickelter Handel sofort seine Rückwirkung auf die Herstellung üben musste. Hatte ein einzelner Mann bisher alles selbst besorgt vom Einkauf des Rohmaterials bis zum Verkauf des gebundenen Buches, so beschäftigte er vielleicht jetzt einen oder mehrere Arbeiter, wohl auch einen besonderen Buchbinder: der fabrikmässige Betrieb ist fertig. Auch für diesen gibt es sichere Belege.

Dass Theilung der Arbeit innerhalb der Schreibstube bestand, geht aus den vielfach erhaltenen Vorschriften über nachzutragende Bilder für den Maler hervor, welche der Schreiber an den Rand setzte.[1] Auch wohl daraus, dass für die Bilder oder Initialen häufig Raum ausgespart, ihre Ausführung aber unterblieben ist. Mit völliger Sicherheit endlich daraus, dass oft die Schrift ganz verschiedene Hände aufweist, ebenso der Bilderschmuck. Wir werden in einzelnen Fällen eine ziemlich weitgehende Arbeitstheilung annehmen dürfen.[2]

Die Buchbinder haben sich anscheinend schon früh als selbständiges Gewerbe abgelöst.[3] Schon für's Jahr 1327 wird in Trier ein bürgerlicher, verheiratheter Buchbinder urkundlich bezeugt.[4] In Strassburg finden sich Buchbinder um 1400 erwähnt.[5] In Nürn-

---

[1] Vgl. Schlosser, Bilderhandschriften König Wenzels I, S. 91 und Neuwirth, Repert. 1893, S. 76 (die Herstellungsphasen spätmittelalterl. Hss.). Diesen lateinischen Anweisungen treten zahlreiche deutsche in anderen Hss. zur Seite. Ich führe beispielsweise die Randbemerkungen im cod. palat. germ. 336 hier an, der sehr handwerksmässige Bilder enthält und nach Dialect und Charakter der Malereien ins bayrische Gebiet gehört. Es heisst da:
fol 9b mal wie ain Ruffer auf ein hoch gestanden sy und stat vil volkch vor im
fol 10b mal chunig saul und sein tochter hat er vor im und mal ain redleichew frau stat vor im und ain chlains mannleyn stat bey ir
fol 16 mal wie golias wol angelegt sei zu harnasch und hat ain grossen schilt vor im da stat ain antlus an und hat ain grossew eisnein stang uber die achsel sein und ist ain grosser man und davit hat im ain stain da vornen in die stiernen und hat ain ander in die slingen gefasset u. s. f. Die Trachten auf den Bildern weisen diese in die Zeit bald nach 1400.

[2] Genaueres über den Werkstattbrauch s. u. S. 72.

[3] S. Wattenbach S. 328.

[4] Centralblatt f. B. W. VII, S. 113 nach dem Chartular des Domkapitels v. Trier Nr. 261, Bl. 144.

[5] Schmidt, zur Gesch. der ältesten Bibliotheken etc. zu Strassburg. 1882.

berg werden sie schon 1433 zünftig.[1] Dieser Umstand erklärt auch, dass jetzt sehr häufig die Hss. (und nachher die Drucke) ungebunden verkauft wurden. Schreiber und Zeichner dagegen werden auch weiterhin in den Werkstätten neben einander gesessen haben. In fabrikmässig geordneten Schreibstuben ist denn auch m. E. ein grosser Theil aller der Bilder-Hss. des 15. Jahrhunderts gefertigt, welche in unseren Bibliotheken das erdrückende Uebergewicht über die Pergamentbilderhandschriften früherer Jahrhunderte haben.

Damit sind wir wieder bei dem eigentlichen Gegenstand unserer Erörterung angelangt. Trifft nun unsere Voraussetzung zu, dass nämlich sehr viele der Bilderhandschriften des 15. Jahrhunderts Werkstätten entstammen, so muss es möglich sein, die Erzeugnisse der einzelnen Werkstätten zusammenzustellen. Damit ist aber ein höchst wichtiges Moment für die Verwerthung jenes reichen Stoffs im Dienste der Kunstgeschichte gegeben.

Wir nehmen an, es liesse sich eine Anzahl Hss. einer Werkstatt zuweisen, deren Thätigkeit für eine bestimmte Zeit und in einem bestimmten Ort nachweisbar ist, so können nun weitere Hss., die an sich eine genaue zeitliche und örtliche Bestimmung nicht erlauben, als Arbeiten jener Werkstatt nach beiden Richtungen hin festgelegt werden.

Bevor wir weiter ausführen, wie diese ganze Arbeit gethan werden mag, erlaube man uns einige Worte über den Werth einer solchen Untersuchung.

Bilderhandschriften einer zeitlich und örtlich bestimmten Werkstatt bieten uns feste Anhaltspunkte zur Erforschung der Besonderheiten localer Kunstübung. Soweit diese nicht technischer oder stilistischer Art sind, werden wir gern von ihnen Kenntniss nehmen, um die breiten Grundlagen[2] kennen zu lernen, auf denen jeder Künstler erwächst.

---

[1] Steche, zur Gesch. des Bucheinbands. Archiv f. Gesch. des deutschen Buchhandels I, S. 134 Anm. 28.

[2] Ich habe vornehmlich die oben berührte Frage im Auge: wie weit ist eine ganze Landschaft in der Bemeisterung der Natur gelangt, worauf in erster Linie erstreckt sich ihr Bemühen u. s. f. So verwerthet gibt vielleicht die Beachtung der Bilderhandschriften ein gutes Kampfmittel gegen allzu kurzsichtige Beeinflussungstheorieen.

Weiter erleichtern Bilderhandschriften, deren Entstehungs-Zeit und -Ort bekannt ist, wieder die zeitliche und örtliche Bestimmung des Ursprungs einzelner Bilddruckblätter.[1]

Dazu vermittelt uns die Buchmalerei noch eine Reihe werthvoller Anschauungen allgemeiner Art. Sie lehrt uns Bilderfreude und Geschmack des Publikums kennen, desselben Publikums, an das sich die grossen Meister der zweiten Hälfte des Jahrhunderts wandten. Sie führt uns mitten hinein in den handwerklichen Kunstbetrieb der Zeit. Endlich zeigt sie uns bei der Seltenheit eigentlicher Handzeichnungen aus der Frühzeit klar die Entwickelung der Technik des Zeichnens.

Um für alle derartigen Untersuchungen das überreiche Material an Bilderhandschriften des 15. Jahrhunderts nutzbar zu machen, bedarf es vor allem einer Sonderung des Werthvollen von dem Gleichgültigen. Die selteneren Hss. mit Bildern wirklicher Künstler aus den 60er und 70er Jahren und noch späterer Zeit, die weit in der Ueberzahl vorhandene Werkstattwaare, endlich die ganz rohen Dilettantenarbeiten[2] sind zu scheiden. Dann aber hat sofort die Gruppirung nach Landschaften und Werkstätten zu beginnen und die Ausbeutung aller der Beziehungen, die wir eben andeuteten.

Nach dieser Richtung ist noch recht wenig geschehen. Auch nicht für eine einzige local gesicherte Werkstatt ist der Nachweis gelungen.[3] Freilich ist es fast selbstverständlich, dass Ab-

---

[1] Nicht nur die Farbenstaffel ist in Buchmalereien und Holzschnitten einer Landschaft überraschend dieselbe, auch nach Stil, Composition und Iconographie ordnen sich sehr leicht Gruppen von Bilder-Hss. u. Bilddrucken zusammen. Ueber diese Zusammenhänge zwischen Federzeichnung und Bilddruck s. u. S. 75 ff.

[2] Unverkennbar eine solche ist der cod. poëticus Nr. 4 fol. in der Kgl. Bibliothek, Stuttgart. Trotz der unglaublich rohen Arbeit versäumt der «Künstler» nicht, sich zu nennen: Also ist diss bůch vollbracht da man tzalt von gotes geburt m. cccc. lxxj. jare uff mitwochen vor Sant laurencien tag des heilgen mertelers hat diss buch gemallet und geschriben Hans von Gossheim tzu disser tzijt tzentgreffe tzu madach. (Madach im bad. Amt Stockach).

[3] Neuwirth's Studien über österr. Miniaturmalerei erstrecken sich fast ausschliesslich auf Klosterkunst. S. B. der Kaiserlichen Academie der Wissenschaften, philos.-hist. Classe 109 (1885) und 113 (1886). Händcke, B. Furtmeyr geht auf die nahe liegende Frage gar nicht ernstlich ein.

schliessendes noch nicht geleistet werden kann. In Privatbesitz, in grossen und kleinen Bibliotheken weit zerstreut befindet sich ein sehr grosses Material. Jedes zufällige Bekanntwerden irgend einer genau bestimmbaren Hs. vermag alles nur vermuthungsweise Aufgestellte wieder umzustossen.

Es gilt daher vorläufig Grundlagen zu gewinnen, die jeder neue Fund wohl ergänzen und erweitern, aber nicht mehr zerstören kann.

Ueber den Weg, der zum Behuf des sicheren Nachweises einzelner Werkstätten etwa eingeschlagen werden kann, wollen wir uns etwas ausführlicher verbreiten. Wir legen dabei die Untersuchung zu Grunde, die wir für einen bestimmten Fall selbst geführt haben.[1]

Wenn wir bei der Umschau unter den Bilderhandschriften eines begrenzten Zeitraumes verschiedene Werke finden, welche in der äusseren Anlage des Bilderschmucks, in der Technik der Zeichnung, Wahl und Art der Farben, in der Formensprache der Gebilde und nicht zum mindesten in der Auffassung des Zwecks der Illustration unter sich eng verwandt, doch aber von verschiedenen Zeichnern gefertigt sind, so vermuthen wir, sie möchten Erzeugnisse e i n e r Werkstatt sein. Dieser Vermuthung den Rang einer gesicherten Thatsache zu verschaffen, gilt es zunächst, ein umfangreiches, einigermassen zuverlässiges Material zusammenzubringen. Wir gehen dabei vom Dialect der Handschriften aus. Findet sich, dass alle jene Werke zwar von verschiedener Hand,

---

K. Lamprecht nimmt in seinem Aufsatz über Bildercyclen und Illustrationstechnik im späteren Mittelalter (Repert. VII, 405) für eine dem Ulrich Richental in Konstanz zugewiesene Werkstatt sämmtliche Hss. der Concilschronik dieses Mannes und einige weitere Bilderwerke in Anspruch. Dass die letzteren zwar von e i n e m Zeichner illustrirt, aber elsässischer Herkunft sind, werde ich in der mehrerwähnten Untersuchung über Diebolt Lauber zu zeigen haben. Aber auch die erhaltenen Hss. der Concilschronik können nicht aus einer Werkstatt des Ulrich Richental stammen, da sie sämmtlich erst nach seinem Tod geschrieben sind. Ich verweise hierfür auf eine Erörterung der Richental-Hss., die ich in der oberrheinischen Zeitschrift zu bringen gedenke. Die Annahme, dass Ulrich Richental die Herstellung von Bilderhandschriften in einer eigenen Werkstatt besorgt habe, ist damit hinfällig.

[1] Ich gedenke darüber im Centralblatt für Bibliothekswesen eingehend zu handeln s. o. S. 59 Anm. 2. Hier kommt es uns nur auf die methodische Seite einer solchen Untersuchung an.

aber in demselben Dialect geschrieben sind, so bestätigt sich unsere Vermuthung so weit, dass wir bei weiterem Suchen uns durchaus auf Handschriften jenes Dialects beschränken dürfen. Denn wir müssen voraussetzen, erstlich: es wurde in unserer — gesuchten — Werkstatt der Dialect der Gegend geschrieben, in der sie lag, sodann: wenn jene Handschriften einer und derselben Werkstatt angehören, so lag sie in der Gegend, deren Dialect alle zeigen.

Dass auch einmal ein zugewanderter Schreiber eine Zeit lang in der Schreibstube beschäftigt gewesen sein kann, und dass ein Zeichner vor oder nach seiner Thätigkeit hier auch anderswo noch gearbeitet haben mag, bleibt unberücksichtigt. Das sind Ausnahmefälle, ihre Beachtung würde die Sicherheit der Untersuchung beeinträchtigen. Es bleibt dabei: nur Hss. des e i n e n bestimmten Dialects werden weiterhin herangezogen.

So bringen wir bald eine stattliche Anzahl, sagen wir: elsässischer, Bilderhandschriften zusammen. Sie vertheilen sich zwar an verschiedene Zeichner so, dass wir einer und derselben Hand drei, vier, bis zehn verschiedene Werke zuweisen können. Aber die einzelnen Zeichner stehen noch unverbunden neben einander. Es gilt, diejenigen zusammenzustellen, die als Werkstattgenossen gearbeitet haben. Vermittelst stilkritischer Untersuchung ist das nicht möglich. Nicht weil diese trüglich wäre: wir werden sehen, dass sie unsere auf anderem Wege gewonnenen Ergebnisse überall bestätigt und ergänzt. Allein es können von einander ganz unabhängige Zeichner eines und desselben Orts, ja verschiedener Orte so Aehnliches schaffen, dass man sie nothwendig zusammenstellen müsste, und dennoch brauchen sie keineswegs derselben Werkstatt anzugehören, sind nur etwa dem gleichen Lehrboden entwachsen. Umgekehrt können wieder zwei Zeichner, welche die Stilkritik auf den ersten Eindruck hin nicht zusammenstellen würde, dennoch an e i n e m Werkstatttische gearbeitet haben. Der Kunstgeschichte mag ein Zusammenhang erstgenannter Art immerhin wichtiger sein, als ein Nachweis gemeinschaftlicher Werkstatt. Wir werden aber, auch ganz abgesehen von dem Werth eines solchen Nachweises für die Geschichte des Buchgewerbes, bemerken, dass uns unsere Betrachtung schliesslich über die äussere Seite der Form zurück auf die geistigen Grundlagen der Werkstattarbeit führt: und diese sind — auch bei grossen Formverschiedenheiten — in ganz überraschendem Maasse bei allen Werkstattgenossen dieselben. So ist es also berechtigt, die Frage nach Ort und Art der Entstehung in den Vordergrund zu stellen.

Zur Beantwortung bietet uns nun die Werkstattübung selbst einen willkommenen Fingerzeig. Wiederholt haben an einer Hs. mehrere Zeichner gearbeitet. So wird beispielsweise in Heidelberg eine fünfbändige deutsche Vulgataübersetzung bewahrt: Dieses grosse Werk zu illustriren, mochte für einen Zeichner zu langwierige Arbeit scheinen. Eine gleichzeitige Vollendung der verschiedenen Bände zu ermöglichen, theilte man sich darein: fünf verschiedene Hände sind bei der Ausschmückung der Bibel thätig gewesen. Ein Zeichner hat die Bilder zweier Bände, drei weitere solche je zu einem Band, der fünfte das erste Initialblatt des ersten Bandes geliefert.[1] Nun ist die Mehrzahl dieser Zeichner schon mit einer oder mehreren anderen Hss. unter den uns bisher bekannt gewordenen els. Bilderwerken vertreten. So erhält nicht nur die Annahme, dass die Unterschiede zwischen den Bildern der einzelnen Bände jener Heidelberger Bibel thatsächlich auf verschiedene Zeichner zurückzuführen sind, eine willkommene sichere Stütze, sondern jetzt ordnen sich auch alle jene Hss., welche Bilder eines dieser Zeichner enthalten, ihnen gewissermassen unter. Sie bilden eine festgeschlossene Gruppe, deren Urheber mindestens zu der Zeit, da jenes fünfbändige Werk entstand, Schulter an Schulter gearbeitet haben müssen. Denn man wird nicht annehmen wollen, dass Zeichner, die an verschiedenen Orten des Elsasses lebten, oder auch nur sonst nichts mit einander zu thun hatten, sich plötzlich zu einer solchen Leistung vereinigt hätten. Vielmehr ist die Annahme, dass sie Glieder einer Werkstatt waren, weitaus die einfachste.

Aber die Heidelberger Bibel steht keineswegs allein: noch sechs weitere Werke kann ich anführen, welche Bilder von zwei, drei verschiedenen Händen enthalten. Und fast stets ist für jedes so gefundene Glied noch eine Anzahl Bilder in einer oder mehreren andern Hss. nachweisbar. So bilden sich neue Gruppen, und diese sind ebenso unter sich, wie ihrerseits mit der ersten

---

[1] Den genaueren Nachweis muss ich mir für den Aufsatz im Centralblatt vorbehalten.

Gruppe, die sich an die Heidelberger Bibel anschliesst, eng verbunden dadurch, dass dieselben Zeichner hier und dort gearbeitet haben. Nun bedarf es kaum mehr des Hinweises darauf, dass auch das Schreibwerk aus ganz verschiedenen Federn, und zwar keineswegs beim Zeichner A stets aus der Feder eines entsprechenden Schreibers a, geflossen ist, dass vielmehr Zeichner und Schreiber nachweisbar sehr oft verschiedene Personen waren. Dieses verwickelte Getriebe wird durch die Annahme einer unter fester Leitung arbeitenden Werkstatt nicht nur am einfachsten, sondern einzig befriedigend erklärt.

So scheiden wir denn nun aus der Gesammtsumme elsässischer Bilderhandschriften alle diejenigen aus, deren Zeichner im Verband jener Gruppe stehen. Damit ist der Kreis der Werkstatterzeugnisse sicher nicht geschlossen. Manches einheitlich von einer Hand illustrirte Buch kann vorläufig noch nicht herangezogen werden, nur weil der Zeichner nirgends neben einem Angehörigen unserer Gruppe vorkommt. Und andererseits soll nicht gesagt sein, dass alle durch ihre Zeichner mit anderen verbundenen Hss. auch wirklich in unserer Schreibstube entstanden sein müssen: ein Zeichner kann sehr wohl vor seinem Eintritt, oder nach seiner Thätigkeit hier anderswo in derselben Manier gezeichnet haben. Das ist im Einzelfall schwer zu entscheiden. Es ist aber auch ziemlich gleichgültig: es bleibt die Thatsache bestehen, dass mindestens einmal fünf verschiedene Arbeiter, häufig drei neben einander in unserer Werkstatt gesessen haben. Und die Bezeichnung Werkstattwaare thut, wie wir sehen werden, keinem jener Bilderwerke Unrecht.

Die Thatsache einer Werkstatt ist gesichert. Aber wo haben wir sie zu suchen?

Zunächst vergegenwärtigen wir uns, dass alle Hss. der Gruppe gleichmässig den elsässischen Dialect zeigen.

Weiter findet sich, dass zum Heften einer ganzen Anzahl Hss., noch bevor sie geschrieben wurden,[1] Pergament- und Papierstreifen verwandt worden sind, welche zweifellos Urkunden-

---

[1] Den Textspalten ihren Platz anzuweisen, werden häufig Linien der Länge und Quere gezogen: solche Linien gehen dann über die Falze, welche die Blätter einer Lage zusammenhalten. Also waren die Falze da, bevor geschrieben wurde.

conceptcn entstammen. Wir lesen auf solchen Streifen zahlreiche Orts- und Adelsnamen, die sämmtlich dem Elsass angehören. Auch das weist darauf hin, dass unsere Werkstatt in einer elsässischen Stadt gestanden hat. Ebenso spricht dafür, dass auf einem Bilde einmal das Strassburger Münster dargestellt ist. Und endlich fügen sich unsere Hss. mit ihrem gänzlichen Verzicht auf landschaftl. Schilderung den oben (s. S. 50 ff.) gegebenen Erörterungen der Art der Buchillustration in den verschiedenen deutschen Landschaften am besten, wenn wir sie möglichst weit nach Westen verlegen.

Damit ist alles erschöpft, was uns die Hss. selbst über die Ortsfrage sagen. Keine Schreiberunterschrift in etwa 30 Hss. gibt über den Entstehungsort sichere Auskunft. Uebrigens wäre eine solche Unterschrift auch nur in einer von mehreren Zeichnern illustrirten Hs. ausschlaggebend: bei jeder anderen bleibt an sich die Frage offen, ob sie auch wirklich in der Werkstatt entstand. Eine Ortsangabe findet sich überhaupt nur zweimal. Eine sogenannte Weltchronik in Colmar ist unterschrieben:

„Dis buch hat hans schilling geschriben und ussgemolt...
Hans schilling von Hagenowe."

Damit ist natürlich gar nichts bewiesen. Schon dass thatsächlich die ganze Handschrift von einer Hand geschrieben und illustrirt ist, macht sie uns hier verdächtig. Sodann: wer sagt, dass dieser Hans Schilling von Hagenau auch Zeit seines Lebens in Hagenau arbeitete? Er kann ja doch auf der Wanderschaft irgendwo in eine Werkstatt zeitweise eingetreten sein. Also selbst wenn die Colmarer Handschrift in unserer Schreibstube gefertigt wurde, so muss diese keineswegs in Hagenau bestanden haben, weil ein Glied daher stammte.

Zudem stellt sich dem Hans Schilling von Hagenau ein „Johannes port magister in ardibus de argentyna" entgegen. Er hat eine Handschrift so unterfertigt (palat. germ. 324), die gleich jener zweifellos zur Gruppe gehört. Ja sie würde noch den Vorzug vor der Colmarer Weltchronik verdienen, weil sie von mehreren Händen illustrirt wurde. Aber es steht natürlich mit dem „de argentyna" um nichts besser als mit dem „von Hagenau": Der Magister kann sein Werk irgendwo sonst geschrieben haben, seine Unterschrift würde doch zurechtbestehen.

Da diese beiden Ortsangaben die einzigen sind, die sich finden, so müssen wir darauf verzichten, ans unserm Handschriften selbst etwas über die Stadt ihrer Entstehung zu erfahren.

Da wird uns glücklicherweise von anderer Seite her Auskunft.[1]

Wir haben oben (S. 62) auf jenen merkwürdigen Schreiber und Handschriftenhändler Diebolt Lauber von Hagenau hingewiesen. Er bringt, wie wir aus seinen Bücheranzeigen[2] ersehen, wiederholt eine grössere Anzahl Hss. zum Verkauf (einmal 39 Stück!). Auch wenn wir sonst gar nichts von dem Manne wüssten, dürften wir uns doch lediglich auf diese reichhaltigen Bücheranzeigen hin der Vermuthung Wattenbachs anschliessen, dass Lauber durch Arbeiter in seinen Diensten die Herstellung seiner Waare besorgt habe, dass er also das Haupt einer Werkstatt gewesen sei. Nun versieht Lauber ausdrücklich eine ganze Anzahl der angezeigten Werke mit der Bemerkung „hübsch gemolt." Wir haben es also mit Bilderhss. zu thun. Wenn jetzt in einer der Hss., die Diebolt Lauber mit einer eigenhändigen Ankündigung ausgestattet hat, sich Bilder finden von der Hand eines der Zeichner, die in unserer (eben erörterten) Hss.-Gruppe vertreten sind, dann ist der gewünschte Beweis erbracht: Die Werkstatt, der Diebolt Lauber vorstand, ist dieselbe wie die, aus der jene elsässischen Bilder-Hss. hervorgingen.

Eine einzige[3] Bilderhandschrift mit einer eigenhändigen Bücheranzeige des Diebolt Lauber ist uns erhalten: es ist die Hs., aus der Lempertz in seinen Bilderheften das Facsimile mittheilt. Diese Hs. ist heute im Besitz des British Museum (addit 28,752). Sie enthält eine deutsche Legende der heil. drei Könige,

---

[1] Das Folgende kann nicht mehr als allgemein methodischer Fingerzeig bei ähnlichen Untersuchungen gelten. Man wird also in anderen Fällen hauptsächlich darauf angewiesen sein, den Namen, die sich in Unterzeichnungen finden, in den Bürgerlisten, Steuerrollen u. s. f. der Städte, die in Betracht kommen, nachzuspüren. Ist der Aufenthalt mehrerer Zeichner einer enggeschlossenen Hss.-Gruppe gleichzeitig an einem Orte nachweisbar, so ist die Werkstatt für diesen Ort gesichert.

[2] Vgl. Wattenbach a. a. O. und die dort verzeichnete Litteratur. Eine kritische Erörterung von Laubers Bücherlisten denke ich im Centralblatt zu geben.

[3] Den Nachweis, dass keine der weiteren in der Litteratur noch aufgeführten Hss. in Betracht kommt, denke ich a. a. O. zu bringen.

welche mit Federzeichnungen geschmückt ist. Diese Bilder sind von der Hand eben des Hans Schilling,[1] der sich, wie wir oben sahen, unter einer grossen Reimbibel (in Colmar) genannt hat und ausserdem mit 3 weiteren Hss. in jener Gruppe elsässischer Bilderhandschriften vertreten ist. Er hat endlich Titelblätter für ein fünftes und sechstes Werk geliefert und durch diesen Beitrag zu der Arbeit anderer Zeichner wesentlich mitgeholfen, jene Gruppe von Bilderhandschriften als Erzeugnisse e i n e r Werkstatt zusammenzuschliessen.

Wenn nun gerade e r eine Hs. illustrirt, die ein umfangreiches Verzeichniss bei Diebolt Lauber in Hagenau käuflicher Bücher enthält, so bleibt nur noch die Annahme übrig: er, Hans Schilling, arbeitete für Diebolt Lauber, die Werkstatt, in der Hans Schilling thätig war, ist die Werkstatt, der Diebolt Lauber vorstand.

* * *

Diesem Nachweis einer bestimmten Werkstatt und ihrer Erzeugnisse schliessen wir einiges über Brauch und Kunst dort in Hagenau an.

Zunächst stellen wir zusammen, was uns jene Bilderhandschriften selbst über ihre Entstehung lehren.

Es sind zusammen 30 Werke, an deren Schmuck 15 verschiedene Zeichner gearbeitet haben. 7 Hss. sind von mehreren, alle übrigen von je e i n e m Zeichner illustrirt worden. Ein Zeichner ist mit 12 verschiedenen Büchern, andere mit weniger, einzelne nur mit einem einzigen in der Gruppe vertreten. Mindestens einige Zeit lang sind zugleich 5 Zeichner in der Werkstatt beschäftigt gewesen. Die Thätigkeit der ganzen Gruppe lässt sich von 1427 bis 1468 verfolgen.

Beobachten wir sie einmal bei der Arbeit!

Der Gang bei der Herstellung eines Werkes muss etwa der gewesen sein: Die Vorlage, deren die Werkstatt gewiss für alle gangbaren Bücher selbst besass, wurde zuerst dem Schreiber übergeben. Da wiederholt mehrere (3-4) Hände in e i n e m Codex

---

[1] Den Beweis s. a. a. O.

zu unterscheiden sind, so darf man vermuthen, dass die Vorlage in einzelnen Lagen an verschiedene Schreiber vertheilt wurde.[1]

Der Schreiber sparte den Platz für die grossen bunten Anfangsbuchstaben (die er klein mit schwarzer Tinte vorschrieb), für die Rubricationen und für die Bilder aus.[2] War die Schreibarbeit vollendet, so erhielt der Zeichner die Lagen, wahrscheinlich ebenfalls einzeln, sobald eine Lage geschrieben war. Es scheint, dass häufig Schreiber und Zeichner verschiedene Personen waren.[3] Doch ist wenigstens für e i n e n Fall (s. o. S. 70) ausdrücklich bezeugt, dass der Schreiber auch die Bilder fertigte. Mit Hilfe dieser Nachricht war es möglich festzustellen, dass Schreiber und Zeichner sicherlich auch in zwei weiteren Hss. e i n e Person sind, aber z. B. nicht in einem vierten Werke desselben Zeichners. Wiederholt werden Lagen e i n e s Buchs an zwei und mehr verschiedene Zeichner vertheilt.[4] In einzelnen Fällen sind unter der Federzeichnung Bleistiftlinien zu erkennen. Ob diese der Zeichner selbst zur vorläufigen Raumvertheilung für die Composition, oder ob sie der Schreiber als Vorschrift angab, ist mir fraglich. Nicht immer hat sich der Zeichner daran gehalten. Uebrigens finden sich solche Bleistiftvorzeichnungen nicht häufig. Geschriebene Anweisungen kommen n i e vor.[5]

Waren die Bilder gezeichnet, so wurden sie gemalt. Das besorgte meist der Zeichner selbst: es ist auffallend, dass die Bilder einzelner Zeichner stets in derselben besonderen Weise,

---

[1] Eine Historienbibel der Stadtbibliothek Mainz ist von mindestens vier Schreibern gefertigt.

[2] Bilder und Initialen sind dann ausnahmsweise hie und da weggeblieben. Die Rubricationen, namentlich die rothen Kapitelüberschriften über den Bildern sind häufig durch diese zusammengedrängt, weichen ihnen aus oder überschneiden sie theilweise.

[3] Derselbe Zeichner tritt jetzt mit diesem, jetzt mit jenem Schreiber verbunden auf. Derselbe Schreiber mit 3, 4 verschiedenen Zeichnern.

[4] Vgl. die Hss. palat. germ. 324 (Heidelberg) und Aug. I, 15 (Wolfenbüttel).

[5] Darnach haben die Zeichner entweder die Bilder ihrer Vorlage copirt — dies war gewiss die Regel —, oder frei gearbeitet. Die Bilder der Historienbibel z. B. muss ein Zeichner, wie der erste unserer Werkstatt so genau im Kopf gehabt haben, dass er keiner Vorlage bedurfte. Wirkliche, freie Schöpfungen werden höchst selten vorgekommen sein. Vielleicht liesen sich die Bilder einer Stuttgarter Hs. (Kgl. Bibl. cod. poët. fol. 2) als solche betrachten.

die keinem anderen Zeichner eignet, colorirt sind. So die Bilder des ersten Zeichners in allen 12 Hss., in denen er auftritt, also auch da, wo er nur Theile eines Werks gefertigt hat. Es ergibt sich daraus zuverlässig, dass in der Regel der Zeichner den Bilderschmuck der Lagen, die er zugetheilt bekam, allein besorgte.

Meist, aber nicht immer, erst nach der Anfertigung der Bilder erhielt der Rubricator die Lagen: die rothen Kapitelüberschriften, die seinen Hauptantheil am Buch ausmachen, dienten zugleich als Text zu den Bildern. Ausser diesen Kapitelüberschriften ist roth die Einleitung zum Register, welches regelmässig dem Text vorausgeschickt wird und den Inhalt der Kapitel abgekürzt angibt. Sie lautet stets: Hie vohent sich an des bûches cappitel das do saget von N. N. und ist mit fyguren gemolet. Ebenso werden ferner allermeist die ersten Textworte (bisweilen die ganze erste Seite) nach dem stehenden grossen Bilderinitial roth geschrieben. Endlich sind die Zahlen der Kapitel roth über der Spalte angegeben. Nach diesen Zahlen ist auch das Register angefertigt.[1] Bisweilen hat der Rubricator den ganzen Text durchgesehen und corrigirt.

Jetzt erst[2] wurden auch die rothen und blauen Anfangsbuchstaben zu den einzelnen Kapiteln eingetragen. Bemerkenswertherweise sind sie zweifellos sehr oft mit der Schablone hergestellt: ein gewisses Ausfliessen der Farbe über die Ränder lässt sich nur so erklären.

Für Text und Bild wurden dieselben Vorlagen immer wieder benutzt. Für die Historienbibeln, deren allein aus der Klasse IIa

---

[1] Folgt ganz deutlich z. B. daraus, dass in einer Historienbibel in München (cgm 1101) im Register vorn zu einigen Kapitelzahlen bemerkt ist: »het kein rot geschrift.« Der Schreiber stellte nach der fertigen Hs. die rothen Kapitelzahlen, die er über den Spalten fand, im Register zusammen, dazu schrieb er die Kapitelüberschriften, wie sie in den betreffenden Spalten im Text standen. War nun etwa einmal eine längere Kapitelüberschrift doppelt gezählt, so fand er für eine Zahl über der Spalte in dieser keinen besondern Kapitelanfang und setzte dann jene Worte ins Register.

[2] Sie fehlen bisweilen selbst da, wo der Rubricator sonst sein Werk gethan hat, z. B. in einer Historienbibel des Nat.-Museums in München S. 280 fl.

(Merzdorf, deutsche Historienbibeln des M. A. S. 13) fünf als Arbeiten unserer Werkstatt bisher nachweisbar sind, kann* ich zeigen, dass keine von der andern abzuleiten ist. Wir haben nur einander nebengeordnete Tochterhandschriften: Die Vorlagen gingen durch häufigen Gebrauch in der Werkstatt zu Grunde. So gewinnen wir ein ziemlich klares Bild von dem lebhaften Betrieb, den Diebolt Lauber in Hagenau leitete. Zugleich dürfte, was wir den Hss. einer Schreibstube entnommen haben, allgemeinere Geltung für ähnliche Unternehmungen an andern Orten beanspruchen.

Es begreift sich, dass solche blühende Veranstaltungen zur Herstellung von Bilderhandschriften der raschen Entwickelung des Buchdrucks und Buchhandels nach Erfindung der Buchdruckerkunst erheblich vorgearbeitet haben.[1] Jene Bücheranzeigen, welche die ältesten Drucker ausgehen liessen, oder zu Marktzeiten an die Kirchthüren hefteten mit der Nachricht, in welcher Herberge sie und ihr Lager zu finden, sind auch nur eine Ausgestaltung der Bücheranzeigen, welche die Hss.-Händler zur Reklame brauchten.

SECHSTES KAPITEL.

Damit haben wir schon das Ende berührt, das dem ganzen Schreibgewerbe in der zweiten Hälfte des 15. Jahrhunderts bereitet wurde. Nicht nur die Hs. wurde durch das gedruckte Buch verdrängt, auch die Federzeichnung durch den Bilddruck.

Allein dem engültigen Siege des letzteren geht ein längeres Nebeneinander der beiden Zweige zeichnender Kunst vorher

---

[1] Vgl.: Zur Gesch. des Strassburger Buchdrucks und Buchhandels im Archiv f. Gesch. d. d. Buchhandels V, S. 5 ff. ferner: Meyer, Vertriebsmittel der ältesten Buchhändler in demselben Archiv XIV, S. 1. ff. Bücheranzeigen der ältesten Buchdrucker sind mitgetheilt: Centralblatt f. Bibliothekswesen II, S. 437. III, S. 35. VI, S. 110. VIII, S. 347 und 411. IX, S. 130.

(etwa während der Jahre 1400 bis 1480). Und in eben diese Zeit fällt bekanntlich eine der grössten Umwandelungen, die der zeichnerische Stil je erlebt hat: Um 1400 finden wir noch durchweg weich geschwungene, überall gerundete Linien, um 1450 alles gerade gerichtet, eckig gebrochen. Es liegt nahe, die beiden zeitlich zusammenfallenden Entwickelungen — den allmäligen Sieg des Bilddruckes über die Federzeichnung und den allmäligen Sieg des geradlinigen Stils — in einen ursächlichen Zusammenhang zu bringen.

Bevor wir zur genaueren Prüfung dieser Vermuthung schreiten, müssen wir uns die mannigfachen Berührungen des Zeichnergewerbes mit dem des Bilddruckers vergegenwärtigen.

Wenden wir zunächst unsere Aufmerksamkeit auf die Waare, welche beide erzeugten. Wie sah es wohl in der Bude eines Peter von Haselo vor dem Strassburger Münster aus? Ich meine, die grossen Handschriften mit umfänglichem Text werden auf seinem Tisch keine gar so grosse Rolle gespielt haben.[1] Um so mehr lagen da Heiligenbilder, ins Gebetbuch zu kleben oder an die Wand zu heften, Ablassbriefe, Bilderbogen mit Darstellungen der Passion, des Todtentanzes, Bilder zu den 10 Geboten, zu den 7 Sacramenten, den Werken der Barmherzigkeit, weiter das Leben unserer lieben Frau und ihres Kindes, Heiligengeschichten, Kalender, Arznei-, Wetter- und Wahrsagebücher, endlich nicht zum wenigsten die beliebten Spielkarten, kurz der ganze volksthümliche Verlag des angehenden 15. Jahrhunderts.

Wenn von all' dieser Waare auch nur die eigentlichen Bücher reichlicher auf uns gekommen sind, so ist doch kaum daran zu zweifeln, dass alle jene Blätter und Hefte, deren Hauptbedeutung in den Bildern lag, überaus zahlreich angefertigt wurden: einzelne Bilder vielleicht noch mehr als Bilderbücher. Die spärliche Erhaltung ist kein Beweis dagegen. Man bedenke: wie sollten z. B. mit der Hand gezeichnete und gemalte einzelne Heiligenbildchen anders bewahrt worden sein, als in Hss. eingeklebt. Dort aber hat noch niemand nach ihnen gesucht.[2] Die zweifellos

---

[1] Vgl. zum Folgenden Wattenbach S. 476 f.
[2] Eingeklebte Miniaturen und Federzeichnungen sind in Hss. nicht eben selten. Es lohnte sich, sie auf ihre Gleichzeitigkeit und Zusammen-

einst überaus häufig vorhandenen Bilderbogen, die zum Schmuck der Wände dienten, Ablassbriefe [1] und Spielkarten [2] sind begreiflicherweise darum so spärlich nachweisbar, weil man sich ihrer bald als werthlosen Papiers entledigte.

Vielleicht aber auch noch aus einem anderen Grunde: eben diese mit der Hand gefertigten Einzelbilder und Bilderbogen wurden zuerst durch Bilddrucke ersetzt. Bald begreift dann „Brief" und Blockbuch überhaupt das ganze Gebiet jener volksthümlichen Bilderwaare.

Auch ein positives Zeugniss für die Massenherstellung von Einzelblättern schon vor dem Druck können wir anführen: die Namen Brief- und Kartenmaler. Wir verstehen darunter eine Gruppe von Zeichnern und Malern,[3] die sich aus dem Gesammtstand der „schriber" herausbildete,[4] um sich vornehmlich mit der Erzeugung von Einzelblättern u. dgl. zu befassen. Ihre Verbindung mit den schribern mag aber noch lange nicht ganz gelöst worden sein, und namentlich rege Werkstätten werden für die Tagesbedürfnisse auch einen oder mehrere Kartenmaler beschäftigt haben.

Mit allen diesen Annahmen bewegen wir uns auf einem noch immer recht unsicheren Boden. Dies muss zugestanden werden, wenn auch in der bisherigen Litteratur jene Zusammenhänge als erwiesen, oder als selbstverständlich dargestellt worden sind.

---

gehörigkeit mit dem betr. Text zu prüfen. Ich bin leider zu spät auf diesen Gesichtspunkt aufmerksam geworden, um bes. Hss. des täglichen Gebrauchs z. B. Gebetbücher nach eingeklebten Bildern durchsuchen zu können. Doch zweifle ich nicht, es würde sich mancher interessante Vorläufer späterer Formschnitte hier finden. Vielleicht darf man hier schon Wattenbach S. 307, Anm. 2 anziehen.

[1] Mannigfach erhalten, meist irgendwie verziert. Exemplare z. B. im Karlsruher General-Landes-Archiv. Weitere Nachweise s. Wattenbach S. 322 (und Anm. 5 dazu).

[2] Eitelberger v. Edelberg, Spielkarten. In seinen ges. Kunsthist. Schriften III, 262 ff.

[3] Wie wir noch a. a. O. zu zeigen haben, wird im 15. Jahrhundert unter »malen« überall zeichnen und malen gleichmässig verstanden, soweit die Buchillustration und die «Brief»waare in Frage kommt.

[4] Michel v. Mainz wird als Kartenmaler und Illuminist bezeichnet (Seyboth, Strassburger Künstler, Repert. XV, S. 37). Ein Schreiber Johannes wird 1463 in Regensburg als Briefmacher genannt (Neuwirth, Btrge zur Kunstgesch. des 15. Jahrhdts. Repert. XIV, S. 295).

Immerhin, so viel ist gewiss: einen sehr starken Procentsatz der erhaltenen Hss. des 15. Jahrhunderts bilden die Werke, welche zuerst als Blockbücher erscheinen. Und für die grosse Masse der Einblattdrucke lassen sich mit der Hand ausgeführte Vorläufer wenigstens vereinzelt nachweisen.

Sodann: neben den Schreibern treten schon zu Anfang des Jahrhunderts überaus häufig Brief- und Kartenmaler auf, die ihrerseits bald genug Genossen an den Briefdruckern erhalten.

Wir haben angenommen, dass der Briefmaler aus der Schreibstube hervorging. Sollte die Briefmalerei ihrerseits schliesslich zum Briefdruck geführt haben?

Man bedenke: in endloser Wiederholung musste der Brief- oder Kartenmaler die altgewohnten Heiligengestalten, die Figuren des Kartenspiels, das Bild zum Neujahrswunsch mit der Hand zeichnen, mit der Hand „ausstreichen." Höchst wahrscheinlich ist er und kein anderer es gewesen, der auf den Gedanken kam, die gebräuchlichsten Bilder irgendwie mechanisch zu vervielfältigen. Schon seit einiger Zeit wurden in regem Betrieb die bunten Initialen vermittelst Schablone oder Stempel eingetragen.[1] Wenn man jetzt den Bilddruck, der zum Aufpressen von Mustern auf Zeug schon längst in Gebrauch war, zum Druck vor allem der Heiligenbilder und Spielkarten auf Papier verwandte, so konnte man mit einer Holztafel ungezählte Blätter fertigen. So wurde der Briefmaler zum Briefdrucker und Formschneider.

Ein eigentlicher Beweis dafür, dass die ältesten Bilddrucker (Einblattdrucker) aus den Kreisen der Schreiber und Bilderverfertiger von Gewerbe hervorgingen, ist noch nicht erbracht worden.[2] Was sich dafür anführen lässt, ist etwa dies:

Wie schon angedeutet werden diejenigen das Bedürfniss mechanischer Vervielfältigung naturgemäss am lebhaftesten em-

---

[1] Das zeigt das häufige abgerissene Ausfliessen der Farbe besonders der immer wiederkehrenden grossen rothen und blauen Buchstaben. s. Lützow, Gesch. des d. Kupferstichs und Holzschnitts S. 7.

[2] Dargestellt wird die Sache mehr oder weniger klar meist in unserem Sinne vgl. Bucher, Gesch. der technischen Künste I, S. 364 ff. und vor allem Muther, Anfänge des deutschen Holzschnittes. Zeitschr. f. allgem. Gesch. etc. II, 1885. S. 368, aber ohne eingehende Begründung.

pfunden haben, die bisher jedes ‚einzelne Blatt aus freier Hand arbeiteten.

Weiter war die auch vom Bilddruck vorausgesetzte Kunst des Zeichnens ihnen vor andern geläufig. Da ferner die Bemalung oft schon bei der Zeichnung auf den Holzstock vorgesehen ist, so dass erst die Farbe Klarheit über einzelne Theile des Bildes gibt, mussten sich die älteren Bilddrucker auch aufs Malen verstehen.

Sodann gibt es Hss. mit eingedruckten Holzschnitten,[1] u. z. sind in den gedachten Fällen die Holzschnittbilder von vorn herein als Textillustrationen beabsichtigt.

Endlich werden die Namen Brief-, Karten- und Heiligenmaler und Brief- und Heiligendrucker, wie Kartenmacher häufig für dieselben Personen gebraucht.[2]

Einen Beweis im strengen Sinne liefern freilich diese Punkte nicht. Immerhin werden wir anerkennen, dass ihre wahrscheinlichste Erklärung eben die ist: es sind die Bilddrucker aus den Kreisen der älteren Bilderverfertiger hervorgegangen.

Vielleicht dass durch reichlichere Veröffentlichung von Zunftbriefen mehr Gewissheit über die Frage geschaffen wird. Freilich bei der Vielartigkeit der in einer Zunft zusammengeschlossenen Gewerke keine sichere Aussicht. Den Prozess[3] wenigstens, der sich 1452 zu Löwen zwischen Angehörigen der Schreiner-,

---

[1] cod. palat. germ. 438 (Bartsch, Hss. v. Heidelberg, Nr. 240): Holzschnitte mit geschriebenem Text, Auf- und Unterschriften. Weiter eine ars moriendi mit handschriftlichem Text s. Weigel und Zestermann II, 27.

[2] Stehlin, Regesten zur Gesch. des Buchdrucks etc. im Archiv f. Gesch. d. d. Buchhandels Bd. XI. XII. XIV. Adam v. Spir, Jacob Reideler, Ysinhut, alle drei als Maler, Brief-, Helgenmaler, Kartenmacher, Brief-, Heiligendrucker bezeichnet. Weiter: Seyboth, Strassburger Künstler etc. Repert. XV, S. 37: Joh. Meidenbach, Formschneider und Briefmaler 1440. 1444. Sodann: Neuwirth, Btrge etc. Repert. XIV, S. 295: Wenczl maler, aufdrucker 1401. Joh. Eysenhut Briefmaler, aufdruckter 1471. Endlich vgl. auch W. Schmidt, Interessante Formschnitte des XV. Jahrh. München 1886, Nr. 31: Hier nennt sich der Formschneider-Bilddrucker: Peter mauler ze ulme.

[3] v. d. Linde, Gesch. der Erf. der Buchdruckerkunst III, S. 679 und vollständiger Lippmann, Anfänge der Formschneidekunst und des Bilddruckes Repert. I, S. 215. Dazu ist nur zu bemerken, dass hier clericus, clerc einfach Schreiber heisst, nicht Geistlicher.

Drechsler- u. s. f. Gilde einerseits und einem Formschneider (printsnydere) andererseits abspielte und mit der Unterordnung des letzteren unter die Gilde endigte, wird man nicht gegen unsere Ansicht geltend machen können. Denn bevor wir nicht wissen, wie die Gildenzusammensetzung in Löwen zu jener Zeit aussah, und ob nicht etwa dort überhaupt die Bilddrucker mit den Schreinern u. s. f. „dienten," werden wir nicht annehmen dürfen, dass hier einmal die Formschneider vom Holzgewerbe und nicht aus der Schreibwerkstatt herkamen.

Man könnte auch sofort als Gegenstück anführen, dass z. B. in Brügge mindestens seit 1457 Buchschreiber, Illuminatoren, Bildmacher und Briefdrucker ei n e (St. Johannes-)Gilde bildeten.[1] Kurz aus einer Erwägung der Zugehörigkeit der Briefdrucker zu dieser oder jener Zunft wird nur bei genauer Kenntniss aller Verhältnisse der betreffenden Stadt ein Schluss zu ziehen sein. Ich glaube demnach, wir dürfen vorläufig an der oben ausgesprochenen Ansicht festhalten.

Ist es aber so, sind die Zeichner der gewerbsmässigen Schreibstuben häufig noch eine Person mit den Briefdruckern, so müssen die ältesten Holzschnitte mit den Federzeichnungen in Hss., wie es etwa unsere Hagenauer sind, genau übereinstimmen. Eben dies ist nun in ganz überraschendem Maasse der Fall.

Wir haben oben (S. 59) einmal angedeutet, dass die Zeichner des Diebolt Lauber im wesentlichen noch auf dem Boden des 14. Jahrhunderts stehen. (Was wir damit meinen, geht aus dem 2. und 3. Kapitel dieser Erörterung hervor). Dasselbe gilt nun auch von den allermeisten Einblattdrucken des frühen 15. Jahrhunderts. Eben dies ist das Bezeichnende: während allerorten der Geist der neuen Zeit sich regt und schliesslich eine gänzliche Umgestaltung des Wesens der Illustration hervorruft, bleiben einzelne ganze Werkstätten auf dem alten Boden stehen. Man darf vielleicht sogar sagen: je mehr eine Werkstatt hervorzubringen hat, um so zäher wird sie an der einmal gewohnten Weise haften. Solchen vielbeschäftigten Werkstätten entstammen die frühen Einblattdrucke. Was Wunder, dass sie

---

[1] v. d. Linde, a. a. O. III, S. 678.

ebenfalls den Geist des 14. Jahrhunderts athmen? So erklärt sich
leicht die Thatsache, dass die ältesten Holzschnitte mit einzelnen
Hss.-Illustrationen nicht nur sämmtliche Merkmale des eigentlichen
Stils (z. B. den Grad der Schraffirung), sondern auch alle jene
conventionellen (oder wie man sonst will) Formen theilen, die je
nach dem Brauch der Werkstatt für die Zeichnung von Bäumen
und Felsen, Architectur und Geräth, von Körperformen und Gewand
gebraucht werden. Um hier nicht allzuweit abzuschweifen
begnüge ich mich mit der Versicherung, dass kaum e i n Element
der Formensprache früher Holzschnitte ohne genau entsprechendes
Gegenstück in irgend einer zurückgebliebenen Bilderhandschrift
ist. Auf die Wichtigkeit dieser Thatsache für die Zusammenordnung
von Bilderhandschriften und Bilddrucken nach Landschaften
und Werkstätten will ich hier nur hinweisen.

Doch zurück! Sind Hss.-Zeichner, Briefmaler und Bilddrucker
identisch, so ergeben sich Zusammenhänge von den Buchschreibern
weiter bis zu den Buchdruckern. Denn einmal hatten die grossen
Drucker der 50er, 60er, und 70er Jahre vielfach die älteren Illuministen
und Formschneider nöthig, wie Initialen, Miniaturen oder
Federzeichnungen in Typendruckwerken für jene, die Holzschnitte
für diese genugsam beweisen. Dann aber wissen wir
auch direct, dass sich die Bilddrucker zahlreich der neuen Kunst
der Typographie selbst ausübend zuwandten: Pfister in Bamberg,
Johann Mentel, Bartholomäus Kistler in Strassburg [1] begannen
als Briefmaler.

Was ergibt sich aus diesen Personenzusammenhängen für
die Werke:

Den Einblattdrucken folgen die Blockbücher. Auch diese
weisen wir den Briefmalern zu. Wenn nun solch ein früherer
Illustrator, wie der „Briefmaler Hans Sporer" z. B. eine Darstellung
der Armenbibel aufzeichnete, wird er sie genau so auf

---

[1] v. d. Linde, Gesch. der Erf. der Buchdruckerkunst I, S. 97:
Joh. Mentel, scriba aurarius, wird 1447 zu Strassburg Bürger u. s. f.
Seyboth, Strassburger Künstler, Repertorium XV, S. 37: Barth. Kistler
aus Spire Maler, Kartenmaler, Buchdrucker 1466. 1475. 1486. Bucher,
Gesch. der techn. Künste I, S. 370 fl., führt noch Hans Schawr, Briefmaler
und Drucker und H. Sporer, Briefmaler und Buchdrucker an.

den Holzblock gebracht haben, wie er sie sonst auf Papier brachte, d. h. als getreue Copie der Vorlage. In der That: die Blockbuchbilder des frühen 15. Jahrhunderts stimmen in der Composition und Zeichenweise völlig mit den Bildern der handschriftlichen Vorläufer überein. So hat Frimmel[1] unter den zahlreichen Bilderhandschriften der Apokalypse die Familie nachgewiesen, welche die Vorlage zur ältesten Blockbuchapokalypse lieferte. Für Armenbibel, Heilsspiegel dürfte ein ähnlicher Nachweis nicht schwerer sein.[2]

Weniger bekannt als die Thatsache der getreuen Nachbildung handschriftlicher Vorlagen in Blockbüchern mag der Umstand sein, dass die Bilder illustrirter Hss. auch in den Holzschnitten der späteren, mit beweglichen Lettern gedruckten Bücher noch oft genug genau copirt wurden. Ich mache zum Beispiel auf die Bilder aufmerksam, die sich in einer Hs. der Melusine in Basel (Universitätsbibliothek (O) I 18) aus dem Jahre 1471 finden. Man vergleiche mit ihnen die entsprechenden Bilder der Melusine, welche um 1480 s. l. e. a. gedruckt wurde (Auch b. Muther, Buchillustration Abb. 82-84). Weiter sind mir zu folgenden Holzschnitten aus Drucken des 15. Jahrhunderts mehr oder weniger genau entsprechende Federzeichnungen aus Hss. desselben

---

[1] Frimmel, ein interessantes Blatt aus den Miniaturen des Kgl. Kupferstich-Kabinetts im Jahrb. d. Kgl. Pr. K.-S. IV, S. 32.

[2] Hochegger, Entstehung und Bedeutung der Blockbücher (VII. Beiheft zum Centralblatt f. Bibliothekswesen. Leipzig 1891) hat die Ansicht ausgesprochen, die Blockbücher seien in Klöstern angefertigte Unterrichtsbücher. Ich muss gestehen, dass ich die Beweisführung gar nicht schlagend finde. Hochegger macht nur klar, dass der Inhalt dieser Werke in erster Linie belehren (übrigens doch auch erbauen) will, und dass ein lebhaft gesteigertes Bedürfniss nach solcher Lectüre schliesslich zur mechanischen Herstellung führte. Die spärliche und schlechte Erhaltung theilen sie mit den Einblattdrucken der Zeit. Das aber gerade die Armenbibel, die ars moriendi, die Apokalypse u. s. f. in der Schule gebraucht wurden, wird von Hochegger nicht erwiesen. Schwerlich folgt es aus der citirten Stelle des speculum salvationis, scheint auch an sich wenig glaublich. Weiter müsste Hochegger doch erst die spätere Entstehung der gar nicht seltenen rein unterhaltenden Blockbücher zeigen, bevor wir uns überzeugen lassen, dass nicht ebensogut die Herstellung von Kalendern z. B. zum Blockbuch habe führen können, als die Anfertigung von Donaten. Kurz, ich glaube, wir dürfen auch fernerhin die Blockbücher als Erzeugnisse bürgerlichen Handwerkerscharfsinns betrachten, gleicher Herkunft wie die Einblattdrucke.

Inhalts bekannt: Muther, Buchillustration: Abb. 12-13.[1] 14.[2] 15-16.[3] 17-20.[4] 28-30.[5] 31-35.[6] 87.[7] 88-89.[8] Diese Beobachtung ist nicht ganz ohne Bedeutung. Wir lesen bei Muther (die ältesten deutschen Bilderbibeln, München 1883. Einleitung S. 1.): „Es ist ein Grundzug im Illustrationswesen des 15. und 16. Jahrhunderts, dass, sobald für ein häufig gedrucktes Buch ein Illustrationscyklus festgestellt ist, dieser auch in allen folgenden Ausgaben stereotyp festgehalten wird." Dieser Satz wird sich die Einschränkung gefallen lassen müssen, dass sehr oft zwei mit einander scheinbar eng verwandte Holzschnittwerke dennoch nicht eins nach dem andern copirt worden sind, sondern nur auf ähnliche handschriftliche Vorlagen zurückgehen. Wenn wir beachten, wie getreu immer eine Hs. von der andern auch die Bilder übernahm, so werden wir zugeben, dass nah verwandte Vorlagen genug existirten, jenes Verhältniss wiederholt herbeizuführen.

Nur hinweisen will ich hier darauf, dass auch zwischen den Blättern des Kupferstiches und den Federzeichnungen der Hss. Stoffzusammenhänge bestehen. Thiere und Blumen aus dem Kartenspiel des Spielkartenmeisters sind nach Lehrs in einer Hs. der Stiftsbibliothek von St. Gallen vom Jahr 1454,[9] Blätter desselben in Miniaturen ebenfalls datirter anderer Hss.[10] nachgeahmt. Oefter

---

[1] Ganz ähnlich im ms. germ. fol. 657 in Berlin.
[2] Ebenso im ms. theol. 251 des hist. Archivs der Stadt Köln.
[3] In den meisten Schachzabelhss. ganz entsprechend.
[4] So schon in der Concordantia Caritatis in Lilienfeld (s. Heider Ib. d. K. K. C. K. V), dann z. B. in der bei Weigel u. Zestermann, Anf. der Druckerkunst, unter den xylographischen Werken (Band II) erwähnten Hs. (Abbildungen mitgetheilt.)
[5] Aehnlich im ms. germ. fol. 742 in Berlin.
[6] Bekanntlich ganz ähnlich weit verbreitet, s. z. B. Schultz, Deutsches Leben (Abb. aus einer Ambras. Hs.).
[7] In allen Historienbibeln ebenso.
[8] Ganz ähnlich im cgm 436.
Endlich verweise ich noch auf den Richentaldruck von 1483 (Hss. s. o. S. 55) und den Druck v. Salman u. Morolf, Strassburg Hüpfuff 1499, wozu Vogt's Ausgabe. Einleitung S. VIII, zu vergleichen ist. (Vogt, Salman u. Morolf. Halle 1880.)
[9] Ib. der Kgl. Pr. K.—S. IX, 239.
[10] Ib. der Kgl. Pr. K.—S. XI, 53.

noch als directe Copieen wird man sehr grosse Aehnlichkeiten [1] nachweisen können. Wir müssen uns immer vor Augen halten, wie gross und wie bis ins einzelne ausgeprägt das Gesammtvermögen der Volkskunst des frühen 15. Jahrhunderts an Compositionen und an Formen war. Der einzelne schuf zunächst noch selten neu. Erst gegen die Mitte des Jahrhunderts ändert sich dies.

Wir haben auszuführen gesucht, dass fabrikmässig geordnete Schreib- und Malstuben den Ausgangspunkt für die Entstehung eines besonderen Briefmalergewerbes bildeten. Wir haben uns weiter dahin ausgesprochen, dass diese Briefmaler die ersten Bilddrucker und Formschneider gewesen seien. Fussend auf dieser Annahme haben wir leicht verständlich gefunden, dass die ältesten Bilddrucke ebenso wie die Holzschnitte der Blockbücher und nachher auch der Typendrucke ganz und gar den Federzeichnungen in gleichzeitigen Hss. entsprechen. Der Zusammenhang, theilweise die Identität der Personen verbürgte die Aehnlichkeit der Erzeugnisse. Auf Grund dieser Erörterung dürfen wir nun wohl die Behauptung wagen, welche unsere Ausführungen abschliessen soll:

Der ungemeine Umschwung, der sich im zeichnerischen Stil vom Ende des 14. bis zur Mitte des 15. Jahrhunderts vollzieht, ist wesentlich bedingt durch die Forderungen der graphischen Künste an den Zeichner. Der Zeichner für den Holzschnitt sah bald ein, dass die alten weich geschwungenen Linien dem Schneidemesser unüberwindliche Schwierigkeiten bereiteten. Die fliessende, rund sich bauschende Gewandung vor allem konnte im Schnitt so nicht beibehalten werden. So weichen denn die älteren Wellenlinien des unten aufstossenden Kleides geradlinigen und eckigen Abschlüssen (vgl. Hzsch.[2] Tfl. I-VII. Dhms.[3] 92 und 110 u. s. f.) Die Faltengebung im ganzen folgt (s. besonders deutlich die eckigen Enden der Fahne des Erlösers Hzsch. Tfl. VII). Immer einfacher, gradliniger wird der Fall der Gewänder, bis jene in ganz wenigen

---

[1] So vergleiche man z. B. die Passionsbildchen des Erasmusmeisters mit den Bildern der Historienbibeln: die Uebereinstimmung ist eine ganz überraschende.

[2] Holzschnitte des 14. u. 15. Jahrhunderts im germanischen Museum.

[3] Früheste und seltenste Denkmale des Holz- und Mettalschnitts in München.

geraden, überm Knie scharf gebrochenen, Falten fallenden Röcke erreicht sind, welche seit den 50er Jahren herrschen (Hzsch. Tfl. 27. 51-52). Dieselbe Wandlung können wir an den Aermelfalten im Armgelenk beobachten, aber auch an organischen Theilen der Gestalten. Kurz die ganze Zeichnung wird eckig, verläuft in geraden, scharf gebrochenen Linien, gewinnt ein völlig verändertes Aussehen.

Diese Wandelung des Stils lässt sich nun mit grosser Deutlichkeit auch in den Denkmälern der Buchillustration[1] verfolgen. Aber die Anfänge fallen, soviel ich habe wahrnehmen können, erst etwas später. Erst gegen Ende des 14. Jahrhunderts kommen scharf gebrochene Gewandendungen mehrfach vor.

Aber weiter: eine ganze Reihe Eigenheiten der spätern Buchillustration lässt sich überhaupt nur aus der Uebung des Holzschnittes und Stiches ableiten. Dass die Anfänge der Schraffirung eher beim einfarbigen Bilddruck zu suchen sein werden, als bei der Federzeichnung, die seit jeher mit der Farbe schattirte, soll nicht einmal so sehr betont werden. Aber wie ist das Stricheln mit dem Pinsel zur Stoffbezeichnung in Holz, Stein od. Gewand zu erklären, wenn nicht aus dem Holzschnitt, wo es schon früh vorkommt?[2] Wie verfiel ein Zeichner auf eckige Nasen, absonder-

---

[1] Noch immer scheint im ganzen die Annahme zu herrschen, als habe wenigstens der scharf gebrochene Faltenwurf seinen Ursprung in der flandrischen Malerei, genauer in der «van Eyck'schen Kunst», sei von dort zu uns gekommen (vgl. z. B. die anregende Einleitung von W. Schmidt zu seinen «Interessanten Formschnitten», München 1886). Ich glaube, diese Ansicht lässt sich ganz und gar nicht halten. Abgesehen davon, dass der neue Stil von seinen ersten Anfängen an allerorten in der Buchmalerei und im Holzschnitt gleichzeitig verfolgt werden kann, tritt er schon um 1430 zugleich an der Donau und am Bodensee uns völlig ausgebildet entgegen. Weiter begreift man nicht, wie gerade die Malerei den geradlinigen Stil zuerst geübt haben soll. Er scheint doch ihrer Technik die allermeisten Schwierigkeiten zu bereiten. In der That finden sich Hss., deren Bilder vollkommen gradlinig vorgezeichnet und dann ganz in der Weise des 14. Jahrhunderts bemalt sind. Kurz ich sehe die einfachste Erklärung denn doch in der oben angedeuteten Annahme.

Dass noch lange Holzschnitte mit weichem Gewandwurf fabrizirt wurden, ist kein Gegengrund. Das war in zurückgebliebenen Werkstätten für Buchillustration erst recht der Fall: in Hagenau kommen bis über die Mitte des Jahrhunderts heraus völlig im alten Stil behandelte Gewänder vor.

[2] Hiermit meine ich nicht sowohl das Schraffiren einer Falte, der Schattenseite eines Baumstamms und dgl. durch parallele kurze Striche, als das Ueberziehen ganzer Flächen mit Strichelchen einer Richtung.

lich scharf gebrochene Felsen, laublose knorrig verästelte Bäumchen, wenn er dergleichen nicht dem Holzschnitt absah, wo alles eckige natürlich ist. Nicht umsonst können wir also in der Buchmalerei eine völlig entsprechende Wandelung des Stils verfolgen. Und wie nahe sich die beiden Zweige der Volkskunst bleiben, das zeigen am besten Bilderhandschriften wie der palat. germ. 90,[1] wie die Richental-Hss. in Konstanz und Wien, Lirers Schwabenchronik in München (cgm 436) u. a. Diese letztgenannte Hs. weist übrigens mehr noch auf die Zeichenweise des Kupferstichs hin. Wie dieser die vornehmere Kunst gegenüber dem Holzschnitt darstellte, so hat seine Technik anscheinend immer mehr den Stil aller eigentlichen Künstler beeinflusst, die sich mit ihm abgaben. So kommt es, dass fast alle künstlerischen Handzeichnungen deutscher Meister gegen die Wende des Jahrhunderts „in der Art eines Kupferstichs" ausgeführt sind.

---

[1] Dazu palat. germ. 466 und Aug. fol. I, 11 aus Mindelheim (1471) in Wolfenbüttel.

Inhalt.

		Seite
1. Kapitel: Der «Realismus» in der mittelalterlichen Handschriftenillustration		5
2. Kapitel: Die Handschriftenillustration während der 1. Hälfte des 14. Jahrhunderts		16
3. Kapitel: Fortschritte während der 2. Hälfte des 14. Jahrhunderts		40
4. Kapitel: Die Handschriftenillustration des 15. Jahrhunderts.		47
5. Kapitel: Die Herstellung der Bilderhandschriften im 15. Jahrhundert (Werkstätten)		60
6. Kapitel: Federzeichnung und Bilddruck		75